Legislação para a gestão

SÉRIE GESTÃO EM FOCO

Geraldo Jobim
Gilberto Britto

Legislação para a gestão

EDITORA intersaberes

Av. Vicente Machado, 317 . 14° andar
Centro . CEP 80420-010 . Curitiba . PR . Brasil
Fone: (41) 2103-7306
www.editoraintersaberes.com.br
editora@editoraintersaberes.com.br

CONSELHO EDITORIAL
Dr. Ivo José Both (presidente)
Dra. Elena Godoy
Dr. Nelson Luís Dias
Dr. Ulf Gregor Baranow

EDITOR-CHEFE
Lindsay Azambuja

EDITOR-ASSISTENTE
Ariadne Nunes Wenger

PROJETO GRÁFICO
Raphael Bernadelli

CAPA
Igor Bleggi

1ª edição, 2013.

Foi feito o depósito legal.

Informamos que é de inteira responsabilidade dos autores a emissão de conceitos.

Nenhuma parte desta publicação poderá ser reproduzida por qualquer meio ou forma sem a prévia autorização da Editora InterSaberes.

A violação dos direitos autorais é crime estabelecido na Lei n° 9.610/1998 e punido pelo art. 184 do Código Penal.

Dados Internacionais de Catalogação na Publicação (CIP)
(Câmara Brasileira do Livro, SP, Brasil)

Britto, Gilberto
  Legislação para a gestão/Gilberto Britto, Geraldo Jobim. – Curitiba: InterSaberes, 2013. – (Série Gestão em Foco).

  Bibliografia.
  ISBN 978-85-8212-697-4

  1. Administração pública 2. Direito administrativo 3. Direito administrativo – Legislação – Brasil I. Jobim, Geraldo. II. Título. III. Série.

12-11869   CDU-35(81)(094)

Índices para catálogo sistemático:
  1. Brasil: Legislação: Direito administrativo 35(81)(094)

EDITORA AFILIADA

Sumário

Apresentação, IX

(1) Aspectos introdutórios, 11
    1.1   Do direito público e do direito privado, 15
    1.2   Direito administrativo, 16
    1.3   Fontes do direito administrativo, 19

(2) A formação do Estado, 23
    2.1   Conceito de Estado, 26
    2.2   Governo e administração, 29
    2.3   Regimes políticos, 31

(3) Administração pública, 35

    3.1   Órgãos públicos, 42

    3.2   Agentes públicos, 44

    3.3   Investidura dos agentes públicos, 46

(4) Atividade administrativa, 49

    4.1   Conceito de administração pública e princípios básicos da administração, 52

    4.2   Dos poderes e dos deveres do administrador público, 58

(5) Dos atos da administração, 63

    5.1   Das espécies de atos administrativos, 70

(6) Da gestão dos negócios públicos e a legislação aplicada, 77

    6.1   Aspectos preambulares, 80

    6.2   Da legislação aplicada, 84

(7) Os efeitos da atuação do Poder Público, 93

    7.1   Considerações iniciais, 96

    7.2   Dos fatos da administração e sua repercussão, 97

    7.3   Dos remédios judiciais oponíveis à administração, 103

(8) Bens públicos, 109

    8.1   Breve relato histórico, 112

    8.2   Classificação, 113

    8.3   Terras públicas, 114

    8.4   Águas públicas, 115

    8.5   Jazidas, 116

    8.6   Florestas, 118

    8.7   Fauna, 118

    8.8   Espaço aéreo, 119

    8.9   Alienação de bens públicos, 120

(9) Contratos administrativos, 123

    9.1   Conceito, 126

9.2 Peculiaridades, 126

9.3 Interpretação do contrato administrativo, 127

9.4 Formalização do contrato administrativo, 128

9.5 Execução do contrato administrativo, 130

9.6 Inexecução do contrato, 133

9.7 Revisão e rescisão do contrato, 136

Referências, 139

Gabarito, 141

Apresentação

A presente obra, como veículo de informação, destaca imediatamente o nosso objetivo primeiro: ver, ou rever, a importância do direito e a sua aplicação no mundo atual. Se observarmos ao nosso redor, verificaremos sem muita surpresa que o direito é parte de nossas vidas.

Desde a Antiguidade, fragmentos da legislação, combinados com os costumes dos povos, constituem-se antigos acervos de opiniões que os antigos denominavam de *leis* e, ainda hoje, são respeitados como normas originárias.

Desse modo, existem normas sociais, religiosas, morais e jurídicas que devem ser respeitadas, de modo que haja harmonia entre os povos. Apesar de nosso sistema jurídico ser um tanto complexo e, talvez, incompleto, este procura proteger os cidadãos e promover a justiça entre eles.

Neste livro, estudamos a legislação com o objetivo de fornecer ao leitor uma noção ampla e propiciar o entendimento de alguns conceitos jurídicos. O tema em destaque é a legislação e a sua aplicação prática. É importante salientar que o interesse desta obra é abordar temas de forma didática, proporcionando uma visão simples da legislação vigente.

Além disso, este livro serve de fundamento para que o estudante adquira uma noção do uso da legislação aplicável aos fatos.

A matéria é ampla e, partindo dessa premissa, procuramos simplificar dados para auxiliar o leitor em sua pesquisa.

A proposta da obra é auxiliar o estudante na aplicação da lei à gestão.

Geraldo Jobim
Gilberto Brito

(1)

Aspectos introdutórios

Gilberto Britto é licenciado em Direito e Legislação e Direito Aplicado pela Universidade São Judas Tadeu, Porto Alegre, graduado em Ciências Sociais e Jurídicas pela Pontifícia Universidade Católica do Rio Grande do Sul – PUCRS e especialista em Gestão da Segurança na Sociedade Democrática pela Universidade Luterana do Brasil – Ulbra. É coordenador da Assessoria Jurídica da Superintendência dos Serviços Penitenciários da Secretaria de Segurança Pública e presidente do Conselho Penitenciário do Estado do Rio Grande do Sul.

Gilberto Britto

Qual é a origem etimológica do vocábulo *direito*? Existem várias origens propostas para esse termo e, entre as mais importantes, destacam-se:

- a do latim, em que *direito* significa "justo";
- a do latim vulgar, em que *direito* significa "reto" (seria uma linha reta).

Representava a *iustitia*[a], que surgia de olhos vendados, portando a balança com ambas as mãos. Os pratos nivelados significam o equilíbrio.

---

a. Divindade romana que representa a Justiça.

O nosso "direito" é originário, quanto à forma, do latim *directum* e, quanto ao sentido, do latim *ius*, que significa *ars boni et aequi* (arte do bom e do equânime).

Entre os diversos conceitos recepcionados no mundo jurídico, podemos, para melhor compreensão, sintetizá-los como o conjunto harmônico de normas de conduta coercitivamente impostas pelo Estado. Essas normas formam um conjunto harmônico de regras, que sistematiza as normas doutrinárias, indicando a natureza científica do direito e mostrando a ordenação da estrutura pública, com o intuito de garantir o bem comum.

O direito nos ensina não só a viver e a conviver, mas também a compreender o conhecimento científico da matéria. Poderíamos afirmar que a vida se acha sujeita à disciplina do direito. Assim, não é possível conhecer bem o direito sem conhecer a vida.

O direito é dinâmico, evolui com a sociedade e é necessário à sociedade na qual se concretiza.

É importante dizer que o direito é um fenômeno histórico, pois toda relação jurídica só pode ser explicada por meio da história. Podemos considerar que a história é o laboratório do jurista. Diz-se que o direito romano, por exemplo, ditou as regras fundamentais para o nosso direito, bem como a nossa disciplina busca nas antigas constituições subsídios para seus institutos. O passado serve de base para as soluções dos problemas do presente.

O direito objetiva disciplinar condutas humanas e determina os princípios utilizados na sociedade em que vivemos. As relações das pessoas entre si e entre elas e o Estado estão impregnadas do direito. A norma jurídica é disciplinadora da conduta humana.

(1.1)
Do direito público e do direito privado

O direito deve ser estudado como um todo, porém, do ponto de vista prático, existem divisões a serem analisadas para facilitar sua compreensão.

O direito romano, já no tempo dos *ius civile*, distinguia o direito público do direito privado com o intuito de limitar as relações entre o Estado e os indivíduos. Podemos citar o *ius publicum*, que tratava das relações políticas e dos objetivos do Estado. O Estado se encontrava em supremacia e o chamado *ius privatum* tratava das relações particulares entre as pessoas.

Várias são as teorias que surgiram para distinguir o direito privado do direito público, porém a linha divisória não pode ser traçada nitidamente, em face das incontáveis nuances que tingiam as relações jurídicas.

É importante lembrar que, em geral, as normas públicas são obrigatórias, enquanto no direito privado as normas são, em regra, dispositivas, isto é, encontram-se à disposição das partes.

Direito público

O direito público pode ser dividido em interno e externo, que, por sua vez, também se subdividem.

- INTERNO:
    - direito administrativo;
    - direito constitucional;
    - direito tributário;
    - direito penal;

- direito eleitoral;
- direito municipal;
- direito processual penal e civil.
- EXTERNO:
  - Estados soberanos *versus* Estados soberanos;
  - indivíduos *versus* indivíduos internacionais.

Direito privado

O direito privado apresenta os interesses individuais, que também se dividem.

- INTERESSES INDIVIDUAIS:
  - indivíduos *versus* indivíduo;
  - indivíduos *versus* Estado.

(1.2)
Direito administrativo

As vantagens da sociedade devem ser distribuídas de forma justa entre todos os seus membros, por isso a importância de estudar o direito administrativo. Somente as boas leis podem impedir as desigualdades entre todos os membros da sociedade.

A moral política não fornece à sociedade nenhum bem durável nem vantagens perenes se não tiver como base princípios fundamentais de direito e de justiça. O objeto, a noção, o conceito de direito administrativo variam muito no tempo e no espaço.

Um exemplo típico de tal assertiva é o de que, no período da Revolução Francesa, o direito administrativo voltou-se a combater as arbitrariedades do poder estatal.

Os tempos mudaram, e o interesse do direito administrativo voltou-se aos estudos das leis e dos regulamentos administrativos, ideia inaceitável para os franceses, pois reduziria a missão do direito administrativo de catalogar leis e regulamentos.

Posteriormente, surgiu a ideia de que o direito administrativo se identificava com o serviço público. Aprovada pela maioria dos doutrinadores, essa corrente é, hoje, a mais seguida.

Por sua vez, os italianos entendiam que somente os atos do executivo eram objeto de estudo do direito administrativo. Dessa forma, os atos do Legislativo e do Judiciário estariam fora do direito administrativo, o que não corresponde à realidade.

Com efeito, com a atuação popular cada vez mais intensa, o direito administrativo se torna mais abrangente, atingindo todas as camadas da população, sob o enfoque do poder de império da administração.

Existem vários conceitos, muitos divergentes entre si, que podem ser usados, provando o interesse dos autores em determinar seu objeto e sua área de atuação.

Com o escopo de enquadrar a acepção desse ramo do direito à realidade pátria, podemos usar o do insigne jurista Meirelles (2007, p. 40): "É um conjunto harmônico de princípios jurídicos que regem os órgãos, os agentes e as atividades públicas tendentes a realizar concreta, direta e imediatamente os fins desejados pelo Estado".

Analisando o conceito anterior, verificamos que o direito administrativo trata diretamente dos interesses do Estado, não cabendo especificar quais são os seus fins, mas, sim, suas atividades, para um eficaz desenvolvimento da administração pública.

O nosso direito administrativo possui características subjetivas e objetivas; assim, para sua perfeita integração, devemos afastar conceitos estrangeiros. De forma coesa, rege os atos do Executivo, Legislativo e Judiciário, e busca assegurar a satisfação dos interesses coletivos.

Resumindo, poderíamos afirmar que é o ramo do direito público que tem por objeto os órgãos, os agentes e as pessoas jurídicas administrativas, que integram a administração pública e realizam a atividade jurídica não contenciosa, por meio de instrumentos colocados a sua disposição para a consecução de seus fins de natureza política.

Atualmente, o dogma que estampa a supremacia do interesse público sobre o privado é pacífico, pois o direito administrativo visa ao interesse coletivo, firmando sua prevalência sobre o privado como condição de sobrevivência e asseguramento deste.

O direito administrativo é o ramo que, pela estrutura administrativa dos órgãos de Estado, busca zelar pelo interesse público e exprimi-lo nas relações com os particulares. A supremacia do órgão caracteriza-se pela verticalidade nas relações entre a administração e o particular, ao contrário da horizontalidade das relações entre os particulares. O Estado manifesta sua vontade de forma unilateral.

Podemos dizer que o direito administrativo rege toda e qualquer atividade da administração, independentemente desta provir do Executivo, do Legislativo ou do Judiciário.

Assim, podemos afirmar que é o ramo do direito que se dedica à dinâmica do Estado, reservando o aspecto estático e estrutural ao direito constitucional.

Devido à bipolaridade que caracteriza o direito administrativo – a liberdade do cidadão e a autoridade da administração, dois princípios fundamentais surgem dessa relação binária.

Os princípios da LEGALIDADE e o da SUPREMACIA DO INTERESSE PÚBLICO SOBRE O PARTICULAR não são específicos do direito administrativo, porque informam todos os ramos do direito público; no entanto, são essenciais, porque é com base neles que se controem.

A Magna Carta inovou ao fazer expressa menção a alguns princípios a que se submete a administração pública direta, indireta ou fundacional, a saber: os princípios da LEGALIDADE, da IMPESSOALIDADE, da MORALIDADE ADMINISTRATIVA, da PUBLICIDADE e EFICIÊNCIA, conforme Constituição Federal, art. 37, *caput* (Brasil, 1988).

(1.3) Fontes do direito administrativo

As fontes do direito administrativo são:

- leis;
- doutrinas;
- jurisprudência;
- costumes;
- princípios gerais de direito.

O direito administrativo usa as mesmas fontes utilizadas nos demais ramos do direito, porém quatro são as mais importantes: a lei, a doutrina, a jurisprudência e os costumes.

A lei como fonte principal do direito

Lei é algo que formula uma regra ou, mais especificamente, uma fórmula para ordenar algo, e tem sempre a Constituição como ordenadora de todas as outras normas jurídicas. Na ciência do direito, lei significa uma relação, uma imputação ou uma prescrição de conduta. No sentido formal, é um ato jurídico emanado de um órgão competente do Estado. Nesse sentido, a lei do ordenamento jurídico positivo pode conter ou não uma norma, ou seja, uma prescrição de caráter geral dirigida a todos os administrados. Daí se conclui que um decreto que nomeia um funcionário público apenas formalmente se apresenta como lei, porém, não contém conceito normativo.

A doutrina

É a teoria de todos os princípios jurídicos aplicados ao direito administrativo na sistematização e na aplicação de normas legais. Constitui um elemento fundamental de princípios abstratos aplicáveis ao direito administrativo e emana dos operadores do direito, que abordam interpretações acerca da lei, em ramos da ciência jurídica no qual atuam. A própria jurisprudência, cuja definição apontamos no tópico seguinte, invoca teses doutrinárias para afirmar a orientação seguida pelo poder judiciário.

A jurisprudência

Compreende os julgamentos dos tribunais e possui caráter prático e objetivo, não se abstendo dos princípios teóricos. Ela se reveste de praticidade objetiva, sendo integrante da própria ciência jurídica. Além de definir situações contenciosas, suas decisões, que devem ter efeito em relação às partes litigantes na causa julgada, declinam a legislação e regem a prática administrativa, permitindo a formação de um sistema jurídico harmônico.

Os costumes

No direito administrativo, os costumes ainda exercem influência, devido à deficiência da legislação. A prática administrativa acaba por substituir o texto escrito, atuando como elemento informativo da doutrina.

Quanto à CODIFICAÇÃO do direito administrativo, existem três correntes doutrinárias: a que nega as vantagens de uma codificação, a favorável à codificação parcial e a defensora da codificação total.

O relevante da terceira posição doutrinária, à qual grandes doutrinadores se filiam (Lespès, [S.d.]), está no fato de que a reunião de textos administrativos, assim como nos demais ramos do direito, já devidamente codificados, facilitaria a consulta pelas partes interessadas.

Toda a matéria jurídica codificada resulta de lei. Nesse sentido, a unificação da legislação de toda matéria jurídica sistematizada possibilita a aplicação da lei, observando os princípios gerais que resultam na sistematização da legislação dispersa.

Nesse diapasão, o código congrega, em um único texto, normas de direito que abrangem toda a legislação concernente a determinado ramo, como o Código Civil. Além disso, ele pode, ainda, objetivar apenas algum segmento específico, como o Código de Defesa do Consumidor. É importante salientar que algumas normas podem apresentar maior ou menor extensão, sem que sejam consideradas um código. É o caso do Estatuto do Idoso, por exemplo.

É preciso salientar que a codificação provém da Antiguidade e teve início na Babilônia, com o Código de Hamarubi. Em Roma, a legislação era representada pela Lei das Doze Tábuas e pelo *Corpus Júris Civilis* (século VI), elaborado por ordem do Imperador Justiniano. Sua importância, estampada ao longo dos séculos, é exemplo para a humanidade. Mais antigos ainda, encontramos o Código de Manu, o Alcorão e a legislação mosaica.

No direito moderno, podemos ressaltar o que ocorreu na França (Di Pietro, 2007, p. 4): o Código Civil Francês, de 1804 (Código de Napoleão), foi o primeiro grande triunfo do movimento de codificação. Surgiu da necessidade de unificar o direito francês diante da insegurança jurídica representada pelo seu desconhecimento e sua aplicação aos casos concretos.

Atividade

Com base no estudo realizado sobre o direito administrativo, aponte e discorra sobre fontes e exemplos de atividades administrativas realizadas pelo Estado.

(2)

A formação do Estado

Gilberto Britto

O estudo da administração compreende a sua estrutura e suas atividades; sobre o Estado repousam a organização e o funcionamento dos serviços públicos a serem prestados aos administrados.

A personalidade jurídica da administração se encontra consolidada no art. 41 do Código Civil Brasileiro Lei n° 10.406, de 10 de janeiro de 2002 (Brasil, 2002), que preceitua:

> São pessoas jurídicas de Direito Público interno:
> I – A União;
> II – Os Estados, o Distrito Federal e os Territórios;
> III – Os Municípios;
> IV – As autarquias, inclusive as associações públicas;
> V – As demais entidades de caráter público criadas por lei.
> [...] (Brasil, 2002)

(2.1) Conceito de Estado

O Estado é uma sociedade política, organizada juridicamente, que visa ao bem comum.

Apesar de a ideia de Estado já se identificar entre os sumérios, os egípcios e os gregos, a palavra *estado* foi usada como uma unidade de soberania somente após o surgimento da obra *O príncipe*, de Maquiavel, em 1513.

Conforme as mais diversas teorias, a noção de Estado moderno contempla elementos constitutivos. A maioria das correntes doutrinárias opta por três elementos: POVO, TERRITÓRIO e SOBERANIA. Os dois primeiros são quase coincidentes. O último é mais polêmico no que tange à denominação, e pode também ser chamado de *poder estatal* ou, apenas, *poder*. Entretanto, todas as denominações convergem para a mesma realidade. Desse modo, podemos dizer que o Estado é a soma dos elementos: SOBERANIA + POVO + TERRITÓRIO = ESTADO.

O conceito de Estado é amplo e varia de acordo com o ponto de vista a ser considerado. Sob o prisma sociológico, o Estado é um espaço físico capacitado de poder de mando originário. Já sob o ponto de vista político, ele é a comunidade de homens fixada sobre um território, com potestade superior de ação, de mando e de coerção; sob o aspecto constitucional, é pessoa jurídica territorial soberana.

Podemos dizer que são de ordem[a]:

- MATERIAL: população e território;
- FORMAL: ordenamento jurídico e poder;
- FINAL: o bem comum.

Quanto à POPULAÇÃO, podemos conceituá-la como o conjunto de pessoas que faz parte do Estado em determinado momento histórico, englobando nacionais e estrangeiros. O POVO compreende apenas os nacionais, isto é, aqueles que podem exercer seus direitos políticos, diferentemente da POPULAÇÃO, que engloba todos os homens. Apesar de os direitos políticos serem exclusivamente dos nacionais, cada vez mais se busca estender aos não nacionais os direitos e garantias fundamentais. Já o TERRITÓRIO pode ser conceituado como terra (solo e subsolo), mar e espaço aéreo em que o Estado exerce sua soberania.

Ao ORDENAMENTO JURÍDICO ESTATAL se aplica a conceituação, por nós considerada a mais adequada, de que é "um conjunto de normas posto pelo Estado, em dado momento histórico, que subordina todas as pessoas que estão em seu território" (Führer, 2005).

O Estado moderno é concebido com base em um conceito jurídico de soberania, isto é, da existência de um poder centralizado e institucionalizado capaz de criar uma ordem jurídica e de aplicá-la dentro de seu território. A soberania é, então, o vínculo jurídico existente entre o povo e o Estado.

---

a. Entendimento extraído dos ensinamentos de Meirelles (2007).

O Estado poderá usar de violência, excepcionalmente, para manter a ordem e impor respeito à ordem jurídica.

Os poderes de Estado são o Legislativo, o Executivo e o Judiciário, independentes e harmônicos entre si, e com suas funções reciprocamente indelegáveis de acordo com a Magna Carta. O surgimento do Estado social de direito foi marcante para manter a separação entre esses poderes, compreendendo o mecanismo de controle recíproco do poder. Esse controle se agrega à cooperação entre os órgãos estatais. O estudo dos poderes do Estado será mais bem aprofundado no decorrer do presente trabalho.

Quanto ao ÚLTIMO ELEMENTO CONSTITUTIVO DO ESTADO, podemos dizer que é o fim deste – o bem comum.

A definição de BEM COMUM foi muito discutida ao longo da história e, muitas vezes, esteve restrita ao bem do monarca e da classe dominante. A Revolução Francesa proporcionou a consolidação dos direitos individuais dos cidadãos, de forma a defender as leis e garantir a justiça a todos.

Então

ESTADO MATERIAL:
- Povo;
- Território.

ESTADO FORMAL:
- Ordenamento jurídico;
- Poder.

ESTADO FINAL:
- Bem comum.

(2.2)
Governo e administração

Neste item, estudaremos o conceito de governo, suas formas e seus sistemas.

Governo

É a organização formal dos órgãos constitucionais, englobando o conjunto de poderes que regulam as funções estatais básicas para a condução política dos negócios públicos.

Formas de governo[b]

Entendemos como *forma de governo* o conjunto de instituições políticas por meio das quais o Estado, de maneira organizada, exerce sua supremacia sobre os cidadãos, regulando suas relações e visando ao bem da sociedade. Há várias formas de governo:

- Monarquia – Caracterizada pelo aspecto vitalício da investidura na chefia do Estado, embora na monarquia parlamentarista ela possa ser temporária. Tem como chefe de Estado o rei ou o monarca. Surgiu como resultado do processo de pacificação entre tribos em conflito pela posse de terra e de água na regiões dos rios Tigre, Eufrates, Nilo, entre outros.
- República – De acordo com a definição de Houaiss e Villar (2007), "advém do termo *res publica*, que significa coisa do povo". Ou ainda, podemos dizer que é a forma de governo do povo que visa ao bem comum. A república pode ser:

---

b. As formas de governo são baseadas na doutrina de Gasparini (2002).

- Presidencialista – É o regime político governado pelo presidente.
- Parlamentarista – É o regime político governado pelos membros do parlamento e por um ministro.

Sistemas de governo[c]

a. Presidencialismo – A administração do governo e a chefia do Estado são exercidas pela mesma pessoa. Possui poderes independentes.
b. Parlamentarismo – A chefia é do presidente e o governo é exercido pelo gabinete de parlamentares, liderado pelo primeiro-ministro.
c. Diretorial – É o regime misto, em vigor na Suíça. O poder é exercido por um colegiado, composto por sete membros eleitos pela Assembleia Federal, em mandato de quatro anos. Possui, conforme afirma o professor Paulo Mauricio Sales Cardoso, características parlamentaristas, porquanto seus diretores são escolhidos pelo legislativo, e presidencialistas por ter mandato certo.

Então

FORMAS DE GOVERNO:
- monarquia;
- república.

SISTEMAS DE GOVERNO:
- presidencialismo;
- parlamentarismo;
- diretorial.

---

c. Conforme a obra de Silva (2007).

(2.3)
Regimes políticos[d]

Serão estudados os tipos de regime político existentes, o totalitarismo, a democracia e a ditadura.

Totalitarismo

Consta no dicionário que é um regime em que um grupo centraliza todos os poderes políticos e administrativos, não permitindo a existência de outros grupos ou partidos políticos (Ferreira, 1986).

Inicialmente, o termo *totalitarismo* foi utilizado pelos defensores de Mussolini para designar a forma de governo em que inexiste a liberdade individual e os cidadãos dependem totalmente da vontade do governo. Embora a mera distinção entre totalitarismo de direita, que tem como exemplos clássicos o nazismo, o fascismo e o franquismo, e o totalitarismo de esquerda, estampado nas doutrinas erigidas no estalinismo e no maoismo seja insuficiente para que se compreendam suas particularidades, funcionamento e aspirações como regime político de modernidade, destacar pequenas nuances dessas filosofias parece vir ao encontro do objetivo da presente obra.

Os pontos que estabelecem nítidas divergências entre essas ideologias são marcados, no totalitarismo de esquerda, pela abolição da propriedade privada; pela coletivização obrigatória dos meios de produção agrícola e industrial; pela supressão da religião da esfera política de poder, e ter como base sólida o socialismo.

---

d. Esse item foi elaborado com base na obra de Gasparini (2002).

No totalitarismo de direita, encontramos indeléveis marcas de distinção configuradas principalmente no forte apoio da burguesia industrial. As organizações sindicais são marcadas pela fortíssima atuação da tutela estatal. As relações de trabalho sofrem a ingerência do corporativismo, cujos princípios foram esculpidos na Itália fascista, em um sistema político no qual o poder legislativo é conferido a corporações que representavam interesses econômicos industriais e profissionais. O apoio da religião era forte.

Essas ideologias, porém, tinham marcantes traços comuns. Entre eles destacava-se a existência de partido único. Assim, também, centralizava-se no núcleo diretivo do partido a tomada de decisões. Cultuava-se, de forma exagerada, a figura dos líderes do partido. Havia constante patrulha ideológica na busca incessante de opositores ao sistema.

Tanto o totalitarismo de esquerda quanto o de direita são regimes de partido único, o partido de massas. Há centralização dos processos de tomada de decisão no núcleo dirigente do partido; há burocratização do aparelho estatal; intensa repressão a dissidentes políticos e ideológicos e culto à personalidade dos líderes do partido e do Estado.

Democracia

Define-se, segundo Ferreira (1986), como a doutrina ou o regime político baseado nos princípios da soberania popular e da distribuição equitativa de poder, ou seja, é um regime de governo que se caracteriza, em essência, pela liberdade do ato eleitoral, pela divisão dos poderes e pelo controle de autoridade, isto é, dos poderes de decisão e execução.

Ditadura

É um regime autoritário, estando na mão de uma só pessoa ou grupo de pessoas que exercem os poderes Legislativo, Judiciário e Executivo de forma absoluta.

Então

SISTEMAS DE GOVERNO:
- totalitarismo;
- democracia;
- ditadura.

Atividade

Considerando as formas e os sistemas de governo vistos neste capítulo, como eles estão classificados? Indique, exemplos de Estados modernos que adotam tais sistemas e formas.

(3)

Administração pública

Gilberto Britto

Desde os primórdios do direito administrativo tenta-se estabelecer uma distinção entre as atividades estatais, que são as funções administrativas, legislativas e judiciais.

Alguns doutrinadores diagnosticaram que, entre as funções de Estado, estão atividades formais e materiais, residindo aí o ingrediente que distingue as atividades dos três poderes.

Também se busca na origem da administração estabelecer qual atividade deu seguimento a outra, ou seja, qual das três funções estatais surgiu em primeiro lugar.

Não é temerário, ao nosso ver, afirmar que a atividade administrativa é a primeira, em se tratando de função de Estado. Para corroborar tal tese, basta enunciarmos que, ao contrário da atividade administrativa, a legislativa e a judicial, em face de variadas circunstâncias, muitas vezes eram interrompidas. É sabido que em governos de exceção o executivo assumia as funções legiferante e judicante, tornando-se governo absolutista e totalitário. Imaginando-se, de outra banda, que ao judiciário ou ao legislativo de uma nação fosse outorgado o poder, a atuação administrativa não seria interrompida.

Assim, concluímos, num primeiro momento de pura divagação teórica e escolástica que, indubitavelmente, conforme consagração doutrinária, a primeira atividade estatal a mostrar-se nas relações humanas, agrupadas sob a orientação de um líder, foi a função administrativa.

A busca incessante pelo conceito ou mesmo pelo significado etimológico da palavra *administração* é uma tarefa árdua e não compõe o objetivo primevo do trabalho aqui proposto. Todavia, alguns aspectos preambulares se mostram facilitadores da percepção da real significação da administração pública.

Ao considerarmos as atividades da administração pública como aquelas que são disponibilizadas à coletividade e efetivamente prestadas à sociedade e em seu nome realizadas, parece indubitável que na moderna nomenclatura esse rol de ações coadune-se com o que os doutrinadores consagraram denominar *gestão de serviços*.

Se ousarmos invadir o território da semântica, podemos afirmar que administração pública consiste em impor a vontade da autoridade legalmente investida a seus subordinados, baseada no poder hierárquico, com o escopo único, ou assim deveria ser, de atingir finalidade de interesse coletivo.

E, com essa visão, o doutrinador procurou definir o conceito de administração voltado sempre para a realidade nacional, não olvidando as fundamentais origens do direito administrativo, notadamente o francês.

Retornando às necessidades pátrias, reforçou-se a ideia de que a tarefa administrativa é tão árdua e complexa que a incumbência de levar ao público os serviços essenciais deveria ser distribuída a outros setores da coletividade, deixando de ser monopólio do Poder Público.

Assim, bifurcou-se o caminho dos serviços realizados pelo Estado em duas trilhas. Conceituou-se a atividade pública como direta quando efetivada pela própria pessoa pública que orienta a sua prestação. Há quem defina esse tipo de fornecimento como aquele que advém de pessoa jurídica política, isto é, instituída na formação do Estado.

Quando, porém, vale-se o Estado de outras entidades, estranhas à sua formação, para a satisfação de interesses da coletividade ou mesmo para o fornecimento de serviços e atividades necessárias ou indispensáveis à população, é a administração indireta que surge no cenário público. Já não é mais o poder originário que emerge do Estado que atua em prol da sociedade, mas entidade diversa que recebe tal competência. Assim ocorre nos serviços permitidos, delegados ou concedidos.

Com o advento da Constituição Federal de 1988, erigiu-se no país um arcabouço moderno de estrutura administrativa com o escopo de, definidas as áreas de atuação segundo suas competências institucionais, obter-se do Poder Público não só o cumprimento de sua atividade-fim, mas a aplicação na prática dos diversos princípios repisados e inaugurados na Carta-Mãe.

Assim, enquanto ao direito constitucional cabe a organização do Estado, estabelecer a distribuição de competências e a estrutura da administração pública são tarefas afetas ao direito administrativo. E é a própria Constituição que define tais separações.

Nesse diapasão, cabe ao texto constitucional definir entre as esferas de poder seus campos de atuação, conferindo competências à União, aos estados, aos municípios e também ao Distrito Federal.

Se, com a promulgação da Constituição, cria-se o arcabouço, isto é, o esqueleto da estrutura pública, é com a instituição dos órgãos públicos que se materializa a prestação dos serviços que são efetivamente realizados ou postos à disposição da coletividade. E essa criação se faz no mundo jurídico através da legislação infraconstitucional.

Com finalidade didática, sem objetivo de buscar a razão da existência dos órgãos públicos, talvez auxilie na compreensão da formação da estrutura administrativa se analisarmos, preliminarmente, a natureza dos órgãos públicos, antes mesmo de estabelecer seu conceito ou sua forma de atuar.

Acreditamos não ser importante enunciar as correntes ou as teorias que buscaram definir a natureza dos órgãos públicos, mas é preciso dizer que ora elas mesclam em seus conceitos os elementos integrantes da repartição pública ou da autoridade que a representa, ora fundem as competências, atribuindo o agir à autoridade ou ao órgão na acepção material da palavra. De uma fusão inteligente das teorias surge a ideia de que a natureza do órgão público deriva essencialmente da união ou soma do elemento físico-material e do elemento humano consubstanciado na autoridade administrativa.

O conhecimento desses elementos propicia que o operador do direito e o estudioso da ciência jurídica estabeleçam distinção entre os mais diversos órgãos do aparelhamento estatal, independentemente da esfera de atuação do Poder Público.

Até para que se possa distinguir o que se disse anteriormente acerca de atos formais e materiais que decorrem das três funções de Estado, serve o breve estudo das espécies de órgãos que vão executar de forma específica suas atividades.

A cada poder de Estado correspondem determinados e exclusivos aparelhos que servem ao Poder Público e têm no seu respectivo ordenamento a fonte maior de sua atuação.

Dessa forma, a função administrativa difere da legislativa, porque tem como objeto formular regras de direito por meio de atos jurídicos e realizar a execução dessas regras pela prática de atos materiais.

Já a função legislativa, que tem por escopo a formação dos direitos através das leis, é exercida normalmente sem a manifestação dos interessados que serão destinatários dessas leis.

E, por sua parte, a função jurisdicional, que é o poder-dever do Estado de proteger a ordem jurídica, difere das demais, porque, em suma, cabe-lhe atuar em prol da guarda da ordem jurídica emanada da Constituição Federal.

Com essa orientação, vamos encontrar no arcabouço administrativo estruturas peculiares a cada uma dessas funções indispensáveis e indissolúveis do sistema jurídico político nacional.

(3.1)
Órgãos públicos[a]

São criados para desempenhar as funções estatais, por seus agentes, cuja atuação é imputada à pessoa jurídica a que pertencem. Cada órgão público possui cargos, agentes e funções. Fazem parte da estrutura estatal e das demais pessoas jurídicas. Como referido anteriormente, cada órgão é investido de competência para exercer suas funções, de acordo com as normas de sua constituição.

Quanto à classificação dos órgãos públicos, várias são as propostas, porém mais importante é diferenciá-los como independentes, autônomos, superiores e subalternos. Para desempenhar suas atividades, possuem o respaldo direto da Constituição, para que sejam desenvolvidos pelos seus membros (agentes políticos diferenciados de seus servidores, que são os chamados *agentes administrativos*), de acordo com as normas especiais e regimentais.

São consideradas independentes as CORPORAÇÕES LEGISLATIVAS – Congresso Nacional, Senado Federal, Câmara dos Deputados, Assembleia Legislativa e Câmara de Vereadores –, as CHEFIAS DO EXECUTIVO – a Presidência da República, os governadores de estados e do Distrito Federal e os prefeitos municipais – os TRIBUNAIS JUDICIÁRIOS e JUÍZOS SINGULARES – o Supremo Tribunal Federal, Tribunais Superiores Federais, Tribunais Regionais Federais, Tribunais de Justiça dos Estados--Membros, Tribunais de Júri e Varas de Justiça Comum e Especial, Ministério Público Federal e Estadual, Tribunais de Contas da União, Estados-Membros e Municípios.

---

a. Este item foi elaborado com base em Meirelles (2007).

São autônomos os órgãos de cúpula da administração, colocados abaixo dos órgãos independentes e subordinados a seus chefes. Possuem ampla autonomia financeira, técnica e administrativa. Enquadram-se entre os órgãos autônomos os Ministérios, as Secretarias de Estado e de Município, a Advocacia-Geral da União e todos os órgãos subordinados diretamente aos chefes de poderes. Autonomias administrativa e financeira são seus atributos.

Órgãos superiores são aqueles que possuem o poder de direção, o controle e o comando dos assuntos de sua competência específica, mas subordinados a uma chefia mais alta. Não possuem autonomia administrativa nem financeira. Fazem parte dos órgãos superiores Gabinetes, Secretarias-Gerais, Inspetorias-Gerais, Procuradorias Administrativas e Judiciais, Coordenadorias, Departamentos e Divisões.

Órgãos subalternos são aqueles que dependem de órgãos mais elevados, com reduzido poder decisório e predominância de atribuições de execução. Executam tarefas rotineiras, formalização dos atos administrativos, cumprimento de decisões superiores.

Órgãos simples são aqueles que possuem um só centro de competência, enquanto os compostos são aqueles que reúnem na sua estrutura outros órgãos menores com função principal idêntica ou com funções auxiliares diversificadas.

Órgãos singulares são os que atuam por meio de um único agente, sendo seu chefe e representante. Os COLEGIADOS são os que atuam e decidem pela manifestação conjunta e majoritária da vontade de seus membros. A vontade do chefe não prevalece isoladamente, valendo sempre a decisão de maioria, sendo expressa na forma legal, estatutária ou regimental. Nesses casos a atuação tem procedimento próprio, que se desenvolve nesta ordem: convocação, sessão, verificação de *quorum* e de impedimentos, discussão, votação e proclamação do resultado. Após a proclamação do resultado, a deliberação colegial torna-se inalterável, somente modificada através de recurso ou de ofício.

> *Então*
>
> ÓRGÃOS PÚBLICOS:
> - Corporações Legislativas, Chefias do Executivo, Tribunais Judiciários e Juízos Singulares;
> - Cúpula Administrativa – Ministérios, Secretarias, Advocacia-Geral da União;
> - órgãos superiores;
> - órgãos subalternos;
> - órgãos simples;
> - órgãos singulares e órgãos colegiados.

(3.2)
Agentes públicos

São todas as pessoas físicas incumbidas do exercício de alguma função estatal, podendo ser de forma transitória ou definitiva. A FUNÇÃO é integrada pelos encargos atribuídos aos órgãos, aos cargos e aos agentes, sendo conferida e delimitada pela norma legal.

São classificados, conforme Meirelles (2007), em:

- Agentes políticos – São os componentes do governo nos seus primeiros escalões, investidos em cargos, funções, mandatos ou comissões, por nomeação, eleição,

designação ou delegação para o exercício de atribuições constitucionais. Possuem liberdade funcional, exercendo suas atribuições com prerrogativas próprias, conforme estipuladas na Constituição e em leis especiais. Não são servidores públicos nem se sujeitam ao regime jurídico único estabelecido na Constituição, embora recebam, pelo desempenho de suas atividades, por meio dos cofres públicos. Exercem funções governamentais, judiciais ou quase judiciais, elaborando normas legais, conduzindo os negócios públicos, decidindo e atuando com independência nos assuntos de sua competência. São as autoridades públicas supremas, possuindo plena liberdade funcional equiparável à independência dos juízes nos seus julgamentos, e, para tanto, ficam a salvo de responsabilidade civil, por eventual erro de sua atuação, exceto nos casos de má-fé ou abuso de poder. São os chefes de Executivo, membros das corporações legislativas, os membros do Poder Judiciário, os membros do Ministério Público, os membros dos Tribunais de Contas, os representantes diplomáticos e as demais autoridades que atuam com independência funcional no exercício de suas atribuições governamentais, judiciais ou quase judiciais, estranhas ao quadro do serviço público.
- Agentes administrativos – São submetidos ao regime único das instituições estatais em que estão lotados e à hierarquia funcional ligados ao Estado por relações profissionais. Não fazem parte do Poder Estatal, são somente servidores públicos, com maior ou menor hierarquia, encargos ou responsabilidades profissionais dentro do órgão a que servem. De forma objetiva, são os destinatários das normas de comando que decorrem do poder hierárquico e a elas estão sujeitos

disciplinarmente. São considerados os prepostos do Estado e somente agem em seu nome, de onde redunda, em caso de ação ou omissão, a responsabilidade civil da administração pública.

(3.3)
Investidura dos agentes públicos[b]

Os agentes públicos possuem um vínculo com o Estado por meio de um ato ou de procedimento denominado *investidura*, podendo ser administrativa ou política, originária ou derivada, vitalícia, efetiva ou em comissão, além de outras de caráter temporário. É essa investidura que vai delinear não só o âmbito de atuação do agente, mas o tempo de duração e principalmente o espectro amplo ou diminuto da atuação e a sua eficácia. Pela investidura, que obedece fundamentalmente ao princípio da publicidade, é estabelecido o marco inicial da atuação do agente, que se efetivará com seu exercício.

- Administrativa – É destinada à composição dos quadros do serviço público em geral, abrangendo os integrantes dos Três Poderes e das autarquias e fundações. A forma usual da investidura acontece POR NOMEAÇÃO, através de decreto ou portaria, e, em alguns casos, pela admissão, designação, eleição administrativa e contratação, nos termos regulamentares, regimentais ou estatutários.
- Política – É feita através da eleição, direta ou indireta, através de voto universal ou através de votos de

b. Esse item foi elaborado com base em Meirelles (2007).

determinados eleitores, dependendo da representação, se proporcional ou majoritária, na Constituição Federal (arts. 2° e 14).
- Originária – Independe de qualquer outra vinculação com a administração. Constitui-se na primeira investidura e pode ser decorrente de aprovação em concurso público ou de nomeação em cargo de provimento em comissão.
- Derivada – Quando depende de vinculação anterior com a administração. É o que ocorre na promoção, que é a ascensão funcional dentro da carreira e se encontra vinculada a uma investidura inicial ou anterior. Dentro de determinadas categorias que a lei institui existe uma gradação de níveis ou classes às quais o servidor poderá galgar ou ascender mediante a observância e atendimento de critérios e requisitos.
- Vitalícia – É a investidura feita em caráter perpétuo, nos termos da Constituição Federal, válida somente para determinados cargos, como magistrados, membros dos Tribunais de Contas e do Ministério Público, dependendo de processo judicial para sua desconstituição.
- Efetiva – Aquela que decorre de aprovação em concurso público e tem o caráter permanente, com ares de definitividade, embora possa ser desfeita por processo administrativo. Normalmente, é a utilizada para o preenchimento de cargos de carreira do serviço público.
- Comissão – De natureza precária, pode ser desfeita sem qualquer formalidade. Normalmente utilizada para o preenchimento de cargos de alta confiança do administrador público, embora se preste hodiernamente a atender pretensões meramente políticas. É clássica a orientação doutrinária de que o detentor de cargo de provimento em comissão pode ser demitido ao nuto,

ou seja, ao arbítrio da autoridade, sem motivação.

- Temporária – Presta-se a que a administração pública realize seus fins em determinadas situações anormais, como emergência e calamidade pública. Tem prazo de duração definido, vinculado às circunstâncias que ensejaram a sua realização. Necessita, também, de prévia permissão legislativa que estabeleça as circunstâncias da contratação, principalmente o prazo de duração.

Então

INVESTIDURA:
- Administrativa;
- Política;
- Originária;
- Derivada;
- Vitalícia;
- Efetiva;
- Comissão;
- Temporária.

Atividade

Qual a diferença entre agentes políticos e agentes administrativos? Para esta atividade, indique exemplos de agentes e sua forma de investidura.

(4)

Atividade administrativa

Gilberto Britto

A atividade administrativa é de extrema relevância no direito público, uma vez que é por meio dela que o Estado desenvolve seus fins. Sabemos que o fim do Estado é o bem comum e, para o desempenho dessa atividade, deverá o ente público estar munido de uma estrutura administrativa tal que possa atingir seu objetivo primário, que é a realização dos indivíduos e da sociedade como um todo. Assim, veremos o conceito e seus fins.

Neste capítulo, trataremos da atividade administrativa, cujo fim é sempre o bem da comunidade, bem como de seus conceitos e de suas finalidades.

(4.1)
Conceito de administração pública e princípios básicos da administração[a]

Podemos conceituar a administração pública como o conjunto de agentes de Estado, compreendendo órgãos, serviços, autarquias etc. Visa ao bem comum da sociedade pelo atendimento de suas necessidades, tais como segurança, saúde, educação, habitação, transporte etc. (Di Pietro, 2007, p. 49).

Quanto aos princípios, podemos defini-los como comandos de otimização de determinadas condutas. Assim, a administração pública é regida por princípios que devem ser observados de forma obrigatória pelo Estado. Os princípios básicos da administração pública estão dispostos no art. 37 da Constituição Federal de 1988 (Brasil, 1988) e indicam ao administrador a forma de proceder e os seus limites, pois cada princípio deve ser realizado sempre da melhor forma possível dentro dos casos concretos apresentados pela administração. O princípio da legalidade é o de maior importância, pois o administrador deverá realizar sua atividade sempre dentro dos ditames legais, jamais se afastando do que a lei determina; ao contrário, por exemplo, dos administrados, que só serão impedidos de realizar algo quando a lei assim o determinar, vigorando, no âmbito privado, o princípio da autonomia da vontade.

---

a. Segundo o que preceitua Meirelles (2007), estes são os princípios básicos da administração pública.

Legalidade

A lei traduz os anseios coletivos e, para atender a esses interesses, por atos do Poder Legislativo, estabelece normas a serem seguidas. Assim, a administração pública é regida pelo princípio da legalidade que norteia seus atos, ou seja, em consonância com a lei, possui legitimidade.

Entre os particulares, o princípio aplicável é o da AUTONOMIA DA VONTADE, que lhes permite fazer tudo o que a lei não proíbe, e esse é o entendimento consagrado na doutrina moderna, corresponde ao que já vinha explícito no art. 4° da Declaração de Direitos do Homem e do Cidadão, de 1789 (Biblioteca Virtual..., 1789): "A liberdade consiste em fazer tudo aquilo que não prejudica a outrem; assim, o exercício dos direitos naturais de cada homem não tem outros limites que os que asseguram aos membros da sociedade o gozo desses mesmos direitos. Esses limites somente podem ser estabelecidos em lei".

A obediência ao referido preceito constitucional é garantida por meio de outro direito, assegurado pelo mesmo dispositivo, em seu inciso XXXV, em decorrência do qual "a lei não excluirá da apreciação do Poder Judiciário lesão ou ameaça de lesão", ainda que ela decorra de ato da administração.

Tal postulado prevê, ainda, outros remédios jurídicos contra a ilegalidade administrativa, como a ação popular, o *habeas corpus*, o *habeas data*, o mandado de segurança e o mandado de injunção.

É importante citar o controle externo exercido pelo Legislativo, diretamente e com auxílio do Tribunal de Contas, e, no controle interno, pela própria administração.

Supremacia do interesse público

Como corolário desse princípio, os atos administrativos devem ser impessoais e não dirigidos a uma pessoa ou grupo de pessoas. Visam sempre a sua finalidade, ou seja, à satisfação do interesse público. No que diz respeito a sua influência na elaboração da lei, é oportuno lembrar que uma das distinções que se costuma fazer entre os direitos privado e público (e que vem desde o direito romano) leva em conta o interesse que se tem em vista proteger; o direito privado contém normas de INTERESSE INDIVIDUAL, e o público, normas de INTERESSE PÚBLICO.

Ocorre que, da mesma forma que esse princípio inspira o LEGISLADOR ao editar as normas de direito público, também vincula a administração pública, ao aplicar a lei, no exercício da função administrativa.

É no princípio da legalidade que a administração pública encontra respaldo para justificar o exercício de seus poderes, tais como desapropriar, requisitar e punir, resguardando os interesses coletivos.

Impessoalidade

Tal fundamento espelha o clássico princípio da finalidade, segundo o qual o administrador só deve praticar ato com o seu fim legal. Apareceu pela primeira vez, com essa denominação, no art. 37 da Constituição de 1988.

A administração, ao exercer suas atribuições, usa de impessoalidade, tanto em relação à própria administração quanto em relação aos seus administrados.

No art. 100 da Constituição Federal, cujo texto é apresentado a seguir, notamos claramente a aplicação desse princípio no que se refere aos precatórios judiciais:

o dispositivo proíbe a designação de pessoas ou de casos nas dotações orçamentárias e nos créditos adicionais abertos para esse fim (Brasil, 1988):

> *Os pagamentos devidos pelas Fazendas Públicas Federal, Estaduais, Distrital e Municipais, em virtude de sentença judiciária, far-se-ão exclusivamente na ordem cronológica de apresentação dos precatórios e à conta dos créditos respectivos, proibida a designação de casos ou de pessoas nas dotações orçamentárias e nos créditos adicionais abertos para este fim.*

Convém lembrar, ainda, que a Lei nº 9.784/1999 (Brasil, 1999), nos arts. 18 a 21, contém normas sobre IMPEDIMENTO e SUSPEIÇÃO, que se inserem também como aplicação do princípio da impessoalidade e do princípio da moralidade.

Assim como nas ações judiciais existem hipóteses de impedimento e suspeição do juiz, na esfera administrativa também encontramos essas hipóteses, que criam presunção de parcialidade da autoridade que decidir sem declarar a existência das causas de impedimento ou suspeição.

Publicidade

O princípio da publicidade, insculpido no art. 37 da Constituição Federal, exige a ampla divulgação dos atos praticados pela administração pública, ressalvadas as hipóteses de sigilo previstas em lei.

A publicidade consiste na divulgação oficial de seus atos para conhecimento público, visando dar início aos seus efeitos externos. Todos os atos que produzem consequências jurídicas fora dos órgãos que os emitem exigem publicidade. É requisito de validade universal. A publicidade não é elemento formativo do ato, porém, é um requisito de sua eficácia.

A princípio, todos os atos administrativos são públicos, somente admitindo-se sigilo nos casos de segurança nacional, investigações policiais ou interesse superior da administração, nos casos estabelecidos em lei. A publicidade abrange todos os atos da administração pública.

Moralidade administrativa

A moralidade não se identifica com a legalidade, pois a lei pode ser imoral e a moral pode ultrapassar o legal. A falta de moralidade administrativa acarreta a nulidade do ato, que poderá ser revisado pela própria administração ou tornado sem efeito pelo Poder Judiciário. É consenso que a moralidade administrativa integra o direito como elemento inafastável na sua aplicação e na sua finalidade.

Motivação

A obrigatoriedade se justifica em qualquer tipo de ato, porque se trata de formalidade necessária para permitir o controle de legalidade dos atos administrativos.

A exigência de motivação consta expressamente apenas para as decisões administrativas dos tribunais (art. 93, X), não havendo menção a ela no art. 37, que trata da administração pública, provavelmente pelo fato de ela já ser amplamente reconhecida pela doutrina e jurisprudência.

Eficiência

Apresenta, na realidade, dois aspectos: pode ser considerado tal princípio em relação ao MODO DE ATUAÇÃO DO AGENTE PÚBLICO, do qual se espera o melhor desempenho possível de suas atribuições para lograr os melhores resultados; e em relação ao MODO DE ORGANIZAR, ESTRUTURAR e DISCIPLINAR

A ADMINISTRAÇÃO PÚBLICA, também com o mesmo objetivo de alcançar os melhores resultados na prestação do serviço público.

Com o advento da Emenda Constitucional (EC) n° 19 (Brasil, 1998), esse princípio se tornou obrigatório na administração pública e integra o rol de atributos exigidos no art. 37 da Constituição Federal.

Todos os atos administrativos devem ser exercidos com presteza e perfeição, não sendo suficiente somente o agir de acordo com a legalidade, mas se exigindo resultados positivos para o serviço público.

Igualdade

Se, por um lado, todos os indivíduos se encontram desnivelados em comparação com a administração pública – cercada de uma série de privilégios e prerrogativas que a favorecem de forma especial nas relações jurídico-administrativas –, por outro, o cidadão se acha em absoluto pé de igualdade diante de outros cidadãos quando exige alguma prestação do Estado.

Então

PRINCÍPIOS ADMINISTRATIVOS:
- legalidade;
- supremacia do interesse público;
- impessoalidade;
- publicidade;
- moralidade administrativa;
- motivação;
- eficiência;
- igualdade.

(4.2)
Dos poderes e dos deveres do administrador público[b]

O agente administrativo, desde a sua investidura, recebe uma parcela de Poder Público para que possa desempenhar a contento suas atividades. Tal poder decorre sempre da lei, da moral administrativa, e expressa o interesse da coletividade. A maioria dos doutrinadores estuda e define o modo de agir do agente administrativo, que colacionamos a seguir.

---

b. Este item foi elaborado conforme os ensinamentos compilados dos magistérios de Meirelles (2007), Cretella Junior (2000) e Gasparini (2002).

Poder-dever de agir

Os dois núcleos verbais se confundem para marcar a atuação do administrador público. Para o particular, agir é uma faculdade. Já para o administrador público, é uma obrigação de atuar e insuscetível de renúncia enquanto persiste a investidura. A jurisprudência pátria já formou uma tranquila orientação, no sentido de que o vocábulo *poder* significa "dever" quando se trata de atribuições de autoridades público-administrativas no exercício do múnus de que estão transitoriamente investidas.

Dever de probidade

Esse dever exige do agente público que desempenhe suas funções de forma reta, leal e honesta. Sob tal enfoque, o administrador deve buscar o melhor resultado para sua função. Tal dever é tão indissociável da conduta do administrador que o agente que não atuar com lisura estará sujeito às sanções penais cabíveis decorrentes dessa infração. A consequência do agir é tão grande que a Constituição Federal estampou de forma imperiosa que os atos de improbidade administrativa importarão a suspensão dos direitos políticos, a perda da função pública, a indisponibilidade dos bens e o ressarcimento ao erário, sem prejuízo da cabível ação penal. Destinou também, na esfera infraconstitucional, articulado diploma tratando das condutas e de suas correspondentes sanções, ficando demonstrada de forma cabal a suma importância desse postulado no âmbito da fiscalização da atuação do agente público.

Dever de prestar contas

É obrigação de quem administra a coisa pública e não comporta qualquer exceção. Abrange todos os atos da administração. Alcança não só administradores, mas todo e qualquer responsável por valores públicos. Tal princípio tem destacada importância no capítulo da Constituição Federal que trata da gestão financeira.

Dever de eficiência

É o princípio pelo qual se buscam os melhores resultados para a administração pública. Não se limita à atuação do agente público pelo que a lei estabelece, mas objetiva um desempenho que acarrete satisfação para a coletividade. É o mais moderno princípio da doutrina administrativa e preocupa de tal modo o constituinte, que foi encartado na Constituição Federal um dispositivo que deve balizar o desempenho do agente público, sob os aspectos da qualidade e quantidade.

Do uso e do abuso do poder

O uso do poder é o exercício legal de prerrogativas da autoridade. O uso dessa faculdade não pode ser feito com abuso, mas sim de acordo com as normas legais, isto é, adstrito à finalidade do ato:

- Abuso de poder – Ainda que revestida de competência legal, a autoridade que praticar abuso em suas funções estará praticando abuso de poder, eivando de vício seu ato.
- Excesso de poder – É ato arbitrário. Ocorre quando a autoridade, ainda que competente para tal, excede suas atribuições, tornando o ato ilícito passível de anulação.

Omissão da administração

Caracteriza vício da atividade administrativa e afronta diretamente princípios como o da legalidade e o da eficiência, pois decorre da inércia do Poder Público em acolher, ou não, a postulação dos seus administrados. Pode encerrar desinteresse à pretensão individual ou coletiva quando deixa, por exemplo, de se manifestar acerca do pedido de permissão para uso de bem público ou de atuar efetivamente na vigilância sanitária de determinada coletividade. Comporta inequivocamente determinação judicial para a sua recomposição.

Então

PODERES E DEVERES:
- poder-dever de agir;
- probidade;
- prestar contas;
- eficiência.

USO E ABUSO DE PODER:
- abuso de poder;
- excesso de poder;
- omissão da administração.

Atividade

Como se caracteriza o uso e o abuso de poder? Quais as diferenças entre tais institutos?

(5)

Dos atos da administração

Gilberto Britto

Este capítulo é de fundamental interesse para que se atinja o fim proposto neste trabalho e, colocado em estratégica posição final nesta apresentação, mostra a maneira como a administração pública se manifesta em relação ao exterior ou aos seus administrados.

Após verificarmos os princípios basilares que norteiam toda a atuação do Poder Público e dos quais dimana a capacidade do agir, resta-nos demonstrar por quais meios essa capacidade é sentida na coletividade.

Não buscamos aqui estabelecer mais uma classificação ou uma distinção doutrinária acerca dos diversos atos e das consequências resultantes da atividade administrativa, mas sim situar o leitor sobre as intenções exatas do administrador, ao exarar sua função, por meio do instrumento legal de que dispõe.

Nessa senda, podemos afirmar que resultam da potestade administrativa atos com características jurídicas que são editados com essa finalidade, e atos com consequências materiais que não traduzem necessariamente a vontade do administrador público, mas decorrem da materialização da atuação dos agentes públicos.

Os primeiros, que agora buscamos definir, cujas concepções remontam à teoria civilista, têm por escopo a concretização de quaisquer dos núcleos verbais que integram o conceito do ato jurídico, mas acrescidos de essencial peculiaridade qual seja a finalidade pública.

É corolário de toda a construção doutrinária acerca da moderna administração pública e também já foi consolidado pelas decisões da jurisprudência que, ao utilizar qualquer instrumento posto à sua disposição para a consecução dos seus fins, o administrador deve estar sempre voltado a uma finalidade de interesse coletivo, sob pena de impregnar de vícios o ato editado.

Para a sua devida formação, o ato administrativo deve se revestir de determinados requisitos. E aí, nessa composição, não encontramos na doutrina qualquer divergência. Embora alguns doutrinadores ampliem o leque de componentes, a nosso ver, os de maior significação na integração do ato são: o agente capaz ou competente, a finalidade, a forma, o motivo, o conteúdo e o objeto.

O agente público competente, segundo Meirelles (2007, p. 152), está na gênese do ato administrativo. A origem da competência é legal, não se sujeitando à vontade do administrador, e as atribuições de seu cargo são listadas na legislação vigente. Apesar de adstrito ao seu poder de atuação, o administrador pode e deve delegar poderes inerentes à sua competência a seus prepostos, que nessa condição legitimam o ato a ser praticado. Vale lembrar que o poder de delegar deve estar expressamente inserido nas atribuições do agente detentor do poder originário. De forma concreta, podemos afirmar que, se um candidato aprovado em concurso público for nomeado por autoridade incompetente, ou seja, se não constar a nomeação no elenco de suas atribuições legais, o respectivo ato deverá ser considerado nulo pela administração ou pelo judiciário, por não estar revestido de um dos seus essenciais requisitos.

Não é raro enfrentar-se um sistema cada vez mais marcado pela política, uma praga inafastável da atividade pública: o remanejamento de funcionários que não estão alinhados com a nova orientação doutrinária das chefias para locais distantes e diversos de sua lotação, quando o desejado é nada mais do que a punição, geralmente, por revanchismo. Se o fim com que essa remoção foi concretizada não se dirigir ao interesse da administração, ou seja, da coletividade, seu desfazimento se impõe, normalmente ocorrendo por intervenção do Poder Judiciário ao qual está submetido o controle dessa atuação.

No que tange à FORMA do ato realizado pela administração, podemos afirmar que significa a maneira pela qual ele se apresenta no mundo exterior. Não se presume a existência de ato administrativo; ele requer um revestimento sem o qual não produz efeitos. Normalmente, o ato administrativo requer para sua perfectibilização a forma escrita, podendo haver atos orais para que sua execução se concretize. Os atos seguem uma hierarquia, assim, se é exigida uma forma para que o ato tenha sua gênese, para o seu desfazimento é exigida a ocorrência de ato de mesma forma. Se por decreto – ato administrativo por excelência – é declarada a utilidade pública de uma área física para fins de desapropriação, cessada essa situação, também por decreto deverá ser anunciada (Meirelles, 2007, p. 152).

O MOTIVO que autorizou ou impôs a edição do ato administrativo é modernamente o requisito dos mais reclamados, mormente pela apreciação do judiciário, para que se revista o agir do administrador das condições ideais de eficácia. Dentro da esfera de sua competência, o administrador, depois de analisar a conveniência e a oportunidade, realiza ou busca efetivar sua função pública para suprir as necessidades dos seus administrados e da própria administração. Normalmente, com seus quadros funcionais enfraquecidos e com seu mobiliário em precárias condições de uso, culminando em um deficiente serviço prestado à sociedade, o administrador obriga-se a modernizar a estrutura funcional das repartições e, assim, renova os utensílios de seu patrimônio. Tal requisito é de tamanha importância que a doutrina sedimentou a teoria dos motivos determinantes, segundo a qual, se não demonstrados os motivos declarados para a edição de um ato, ele deve ser desfeito (Meirelles, 2007, p. 154).

Definir o CONTEÚDO do ato administrativo, segundo Di Pietro (2007, p. 191), não é uma tarefa das mais difíceis. Os mais diversos tipos ou espécies de atos administrativos encerram enunciados, ordens ou qualquer dos núcleos que integram o conceito de ato administrativo. O conteúdo do ato é consubstanciado naquilo que ele expressa. Quando o administrador, competente para tal, publica o ato de exoneração de um servidor, estabelece nele o conteúdo do desligamento do agente público dos quadros de pessoal da administração.

Se não denota vital importância como o motivo, serve o conteúdo para esclarecer e dar transparência da atuação do administrador. Intrinsecamente agregado ao conteúdo está o OBJETO, que nada mais é do que a incidência do conteúdo do ato em uma situação. No caso exemplificado, o objeto seria o cargo público que, com a exoneração, ficou vago.

Não é despiciendo referir que os atos administrativos encerram no seu contexto algumas peculiaridades a que a doutrina denomina *atributos,* sem os quais não subsistem. Com o escopo de situar o leitor em relação à abrangência dos efeitos do ato administrativo, cabe fazer o breve registro dessas características inafastáveis da sua higidez.

Um ato administrativo PRESUME-SE LEGÍTIMO, pois emana de autoridade legalmente instituída. Isso significa que tudo aquilo que uma autoridade diz a respeito de sua atividade funcional deve ser considerado, em princípio, verdade, não cabendo fazer prova daquilo que afirma, excetuadas as situações de questionamento judicial ou por órgão de controle interno ou externo (Di Pietro, 2007, p. 182).

Alguns atos administrativos têm na sua essência um comando que os torna de atendimento obrigatório por seus administrados. Não comportam, para sua eficácia plena, a concordância dos destinatários da ordem. É IMPERATIVO o ato que encerra uma vontade do Poder Público e resulta normalmente na limitação dos direitos dos administrados. Em contrário, os atos que conferem direitos individuais não se revestem dessa força (Di Pietro, 2007, p. 185).

De forma mais branda, a EXIGIBILIDADE do ato é a característica que permite à administração impor ao particular a realização de determinada tarefa, útil ou necessária à coletividade. Não se consumando tal realização, a administração pode e deve atuar de forma coercitiva, o que resulta em multa pela omissão do indivíduo (Di Pietro, 2007, p. 186).

Para atender a determinadas situações, previamente estabelecidas no ordenamento legal, a atuação da administração é sentida por meio da EXECUTORIEDADE (Meirelles, 2007, p. 162). Esta determina que a administração resolva ou sane dificuldades específicas, que se apresentam esporadicamente. Assim, atua em casos de epidemias, enchentes, terremotos ou quaisquer situações que envolvam calamidade.

(5.1)
Das espécies de atos administrativos[a]

O presente trabalho não tem por objeto expor de forma minuciosa as classificações doutrinárias que informam o moderno direito administrativo, no que concerne aos diversos tipos de atos administrativos.

Nessa esteira, procuraremos listar, de forma sucinta, as espécies de atos administrativos que frequentemente fazem com que o operador do direito na área pública se familiarize com a instrumentalização da vontade do administrador.

Entre aqueles que iniciam ou culminam a atividade administrativa, devemos citar o DECRETO, que é a manifestação de vontade do executivo por excelência. Nenhum ato denota de maneira tão marcante e eficaz a presença do

---

a. Este item foi elaborado conforme os ensinamentos extraídos dos magistérios de Meirelles (2007), Cretella Junior (2000) e Gasparini (2002).

Poder Público como a edição de um decreto, seja com o fim de regulamentar algum dispositivo legal, seja como ato de império, autônomo no âmbito da capacidade que lhe foi conferida pela lei maior. É a exteriorização cabal dos poderes do chefe do Executivo.

Já sobre a atuação administrativa menor, ou seja, a ser utilizada pelas autoridades de escalão inferior, cabe à PORTARIA, no âmbito interno da repartição, transmitir orientações gerais aos seus administrados ou conferir tarefas mediante designação a determinado servidor. Ela tem o poder, ainda, de inaugurar alguns procedimentos de caráter investigatório.

Como consequência da expedição de certos decretos, exsurge o REGULAMENTO. Este tem por escopo preencher algumas lacunas existentes no próprio decreto ou ainda não disciplinadas em lei. O seu texto não pode ir além do que preceituam a lei e o decreto que o fazem nascer. Na prática, o regulamento ajusta ao mundo exterior a rotina da administração na obtenção dos seus fins.

De abrangência exclusivamente interna, encontramos na ORDEM DE SERVIÇO o instrumento com o qual o superior hierárquico leva a seus subordinados orientações acerca de como deve ser efetivada a prestação do serviço público. Não repercutem no mundo exterior e só dizem respeito aos servidores de determinada repartição.

Podem ainda ser incluídos no rol de atos de natureza ordinatória as INSTRUÇÕES, que visam otimizar a realização de determinado serviço e também se dirigem unicamente aos subordinados da autoridade que expediu o ato. Para acelerar e impulsionar o fluxo dos serviços, emitem-se as CIRCULARES, que encerram ordens escritas, obedecendo a certo padrão de feitura para a realização de determinados encargos. Do mesmo gênero, porém em esfera superior da administração, os AVISOS são utilizados no meio militar para cientificar os subordinados dos assuntos de rotina, notadamente no âmbito dos Ministérios.

Outro grupo que, a nosso ver, comporta uma série de atos de notável destaque na rotina e na práxis administrativa é o de atos negociais. Tal categoria externa a manifestação de império da administração, mas abriga também um interesse do particular.

Assim, integram esse grupo a AUTORIZAÇÃO, por meio da qual o particular obtém a possibilidade de realizar certa atividade de seu interesse e de forma precaríssima. Da mesma índole, a PERMISSÃO, em gradação superior, outorga a particular a execução de determinado serviço que interessa à coletividade. Caracterizam esses dois atos a ausência de direito adquirido, podendo a administração revogar a benesse. Pela LICENÇA, o Poder Público aceita e faculta ao particular uma atividade não disponibilizada a outros indivíduos da coletividade. Normalmente, é instrumentalizada pela expedição de alvará.

Um exemplo típico de atos negociais e de real e inegável interesse à coletividade, no qual fica estampado de modo inequívoco o poder discricionário da administração pública, é o da autorização. Esta é importante para a coletividade, pois o particular faz uso dela de forma amiúde. Assim, no sistema legal pátrio, até alguns anos atrás era considerado contravenção penal portar arma de fogo sem a devida autorização. Atualmente, foi editado o chamado *Estatuto do Desarmamento*, Lei n° 10.826, de 22 de dezembro de 2003 (Brasil, 2003), no qual tal núcleo verbal passou a ser considerado crime. No entanto, o Poder Público pode conceder autorização ao particular para que porte arma de fogo nas condições que enunciar. Tal ato decorre da observância dos critérios da oportunidade e da conveniência, uma vez que, negando-se a fornecer a autorização, a administração fere apenas o interesse daquele cidadão, não sendo possível buscar no Poder Judiciário a satisfação desse interesse, eis que não se trata de direito subjetivo do particular. Vale lembrar, como desfecho deste tópico, que é pacífica a jurisprudência no que tange à afirmativa de que o exame da conveniência e da oportunidade do ato administrativo escapa à apreciação do judiciário.

Derradeiramente, outro grupo de atos de significativa importância na compreensão da rotina administrativa são os de característica enunciativa, pois traduzem a situação fática nem sempre dependente de atuação do administrador. Nesse rol, podemos incluir o PARECER, ato decorrente de análise técnica e que encerra entendimento passível de ser convertido em norma ou retrata um manifesto técnico que, se não vincula a autoridade, também não pode ser questionado por leigos.

Muito utilizada no meio administrativo, a APOSTILA serve para reconhecer situações e atualizá-las. Por meio de CERTIDÕES e ATESTADOS, a administração comprova ou reconhece situações de que tem conhecimento e registros sobre seus subordinados ou seus serviços.

Não podemos esquecer que a relação das espécies de atos da administração presta-se para fins pedagógicos e para aproximar o leitor da prática mais comum adotada na administração pública, colocando-o nas proximidades da esfera de atuação do Poder Público.

Vale referir, também, que há pouca divergência material nas espécies de atos administrativos e que os grupos que os compõem podem, dependendo dos critérios de classificação utilizados, sofrer pequenas mudanças de nomenclatura que não alteram suas características essenciais.

O ato administrativo, considerando-se tudo o que foi dito no que tange à sua formação e também à sua exteriorização, é editado para que faça nascer consequências.

Ainda buscando, mesmo que de forma tênue e sutil, mas indisfarçadamente, a eterna caracterização do que seja ato administrativo, importa dizer que, para facilitar o trabalho do intérprete, é preciso observar o traço inconfundível na formatação do ato administrativo. Portanto, podemos enunciar como marca indissociável do ato que emana da administração, por excelência, a unilateralidade.

Com efeito, não existe ato administrativo bilateral, característica inafastável do ato negocial.

Embora se reconheçam as diversas classificações doutrinárias para a definição das espécies e das categorias do ato administrativo, não se pode questionar que deles resultam, para o administrador ou para quem os efetivamente realiza, dois resultados.

Nessa esteira, consideram-se os atos VINCULADOS ou DISCRICIONÁRIOS, conforme Cretella Junior (2000, p. 246), segundo a margem de atuação que tem a administração pública para agir.

Os atos discricionários são aqueles que, sempre dentro da estrita margem desenhada pela lei, permitem que o administrador escolha a sua forma de agir de acordo com os núcleos verbais postos à sua disposição pela lei ou por regulamento.

Tal comportamento do agente público deriva da utilização de critérios que a doutrina e a prática administrativa consagraram e definiram como conveniência e oportunidade para a realização do ato.

Assim, podemos considerar que o administrador agiu de acordo com a conveniência para a coletividade quando o ato praticado foi de interesse público, ou seja, trouxe inegável benefício à sociedade. De mesma forma, baseia-se o ato na oportunidade quando é editado em época consentânea com a necessidade de se fazer sentir seus efeitos. De nada interessa à coletividade que o administrador publique ato que já não tenha o condão de criar situação de interesse público. É nessa indagação que reside o único hiato permitido pela lei para a busca da melhor solução de um problema, ou seja, o agente público procura, por meio da soma desses dois fatores, o mérito administrativo para a efetivação de determinada ação.

Já os atos vinculados são aqueles que derivam de conduta obrigatória do agente, não conferindo ao administrador qualquer margem de liberdade em sua atuação. Nesses casos, o elemento subjetivo, ou seja, o mérito, integrado pelos elementos antes referidos, não é considerado para a efetivação da ação (Di Pietro, 2007, p. 196-197).

Vale enfatizar que não é crucial aqui expor as espécies de atos vinculados e discricionários, que dependeriam de análise mais acurada, caso a caso, e de maior desdobramento dos diplomas legais que norteiam a atuação do agente público. O interesse imediato é demonstrar de que forma, concretamente, o administrador busca exercitar o múnus do qual está investido.

Entendemos ser também de considerável importância, a par da citação dos diversos tipos de atos que informam a manifestação da administração pública, trazer à tona que, embora aparentemente matizados de atuação pública, alguns atos não levam no seu bojo a higidez necessária para fazer cumprir a contento sua precípua missão: atender ao bem público.

Nesse sítio reside um tema que suscitou da doutrina a fundamental tarefa de discernir atos considerados inexistentes para o sistema jurídico de atos nulos. Verificamos, daí, que, para tipificar um ato inexistente, basta que lhe retiremos um dos requisitos essenciais para a sua ideal formação.

Conduzindo a matéria em foco para o direito civil, poderíamos exemplificar o primeiro ato na celebração de CASAMENTO no Brasil de duas pessoas do mesmo sexo. Vale lembrar que tal instituto reclama para sua validade e existência a união de indivíduos de sexos diferentes.

Retornando ao campo público, resta dizer que inexistente é aquele ato que não produz efeitos, porque, na falta de um dos seus elementos essenciais, nunca teve existência real. Segundo a teoria, esse ato não pode, por si só, gerar consequência. Para nos situarmos na prática, cumpre lembrar que algumas legislações consideram inexistentes atos não submetidos aos diversos sistemas de controle da administração pública.

Tem efeitos práticos a referida diferenciação na busca da recomposição de eventual dano decorrente da equivocada atuação pública por seus agentes, incompetentes ou inexistentes para os fins da administração.

Então

TIPOS DE ATOS ADMINISTRATIVOS:
- decreto;
- portaria;
- regulamento;
- ordem de serviço;
- instruções;
- circulares;
- avisos (autorização, permissão e licença);
- parecer, apostila;
- certidão;
- atestados.

Atividade

Aponte as diferenças entre decretos, regulamentos e circulares. Indique também quais são os objetivos de tais atos administrativos.

(6)

Da gestão dos negócios públicos
e a legislação aplicada

Gilberto Britto

A gestão dos negócios públicos é extremamente complexa e demanda uma capacitação extrema do gestor público, na medida em que a atividade pública está sempre vinculada ao texto legal, pois, conforme a Constituição Federal (Brasil, 1988), os atos administrativos devem ser pautados pela lisura e legalidade. Assim, há um complexo de leis que regulam tal atividade administrativa. O gestor está intimamente atrelado a tais normas, não podendo jamais se desviar dos comandos jurídicos que o determinam.

(6.1)

Aspectos preambulares

O lógico e inexorável aumento da população em proporções ainda incontroláveis requer dos setores responsáveis pelo poder atuação célere e cada vez mais eficaz na busca de soluções voltadas ao atendimento às necessidades e também às utilidades da coletividade.

É com essa visão que os operadores do direito objetivam a agilização dos mecanismos para efetivar as benesses que vão ao encontro do anseio dos administrados.

Sempre foi de intransponível dificuldade caracterizar quais, entre os diversos serviços que a população reclama e os que o Poder Público oferece, são de natureza pública. Os fatores que podem acarretar a oscilação na fixação desse conceito também são diversos e mutáveis. Portanto, condições climáticas, sociais, políticas e culturais podem determinar ao Poder Público que tome medidas no sentido de atender às carências acarretadas por aqueles fatores que também possam se caracterizar pela sazonalidade.

Tendo em vista que os serviços públicos, quaisquer que sejam, têm na sua prestação arraigados requisitos como o caráter permanente, a generalidade da sua extensão, a eficiência, os preços módicos, ou seja, devem estar ao alcance da população, não é exagero enfatizar que, para o atendimento nessas condições, a administração pode se valer de critérios e de fatores que não estão à disposição dos particulares.

Assim, a administração pública utiliza mecanismos jurídicos que podem ser estranhos à teoria civilista em sua nomenclatura, visto que os contratos são ilimitados, mas guardam com ela estrita relação na sua essência, da qual provém a natureza negocial.

Para que os serviços que lhe são cometidos cheguem aos seus destinatários, as entidades públicas utilizam esses mecanismos, que são permeados de ingredientes peculiares à atividade pública e vêm a formar instrumento diferenciado dos atos negociais usados pelos particulares para a obtenção de seus propósitos.

Dessa atividade híbrida resulta o que a doutrina denomina *contrato administrativo*, que, em suma, é o instrumento pelo qual a administração aperfeiçoa a prestação dos serviços que chegam a seus destinatários. Acrescido aos elementos integrantes dos contratos comuns ou privados está o elemento inafastável para a caracterização de um ajuste de natureza administrativa. Tal ingrediente é denominado de *cláusula exorbitante*, porque vai além daquilo que é de uso normal entre as partes que convencionam a busca do atendimento de seus interesses. A consequência mais marcante da inclusão e da aplicação dessa cláusula é a possibilidade de a administração, com esteio no interesse público, modificar a execução daquele ajuste sem que o contratado consinta.

Não é demasiado lembrar que tal prerrogativa decorre do postulado que estabelece que o interesse público encontra-se acima da pretensão particular.

Um aspecto que nos parece importante salientar é que somente caracteriza contrato administrativo o celebrado entre o Poder Público e o particular. Se os dois polos forem representados por entidades públicas de diversas esferas, o ajuste é de outra natureza, já que a invocação de cláusula exorbitante em favor de um ou de outro não é permitida, pois não podem instabilizar o vínculo estabelecido por afronta ao sistema federativo ao qual nossa organização política está ligada.

Entendemos que é importante salientar nessa explanação que a administração pública, embora utilize instrumentos jurídicos por ela idealizados, pode e deve usar contratos privados para a consecução de seus fins.

Portanto, quando pretende alugar um imóvel particular para estender sua representação a locais em que não possua prédio para tal finalidade, o Estado celebra um contrato de locação com base na Lei do Inquilinato, não podendo lançar mão das cláusulas exorbitantes que permeiam o contrato administrativo e desequilibram o ajuste. Dessa forma, a administração pública coloca-se em posição de igualdade com o particular e curva-se às práticas desse instituto civil para arcar com os encargos que lhe são cometidos por conta do contrato e da lei.

O Estado também se despe de suas prerrogativas decorrentes de seu poder de império quando celebra outros ajustes de natureza civil – como compra e venda, fornecimento de bens de forma contínua, empreitada – , nas ocasiões em que necessita realizar obras e serviços de engenharia. Assim, conseguimos diferenciar os contratos da administração – que são os avençados pelo Poder Público, mas que podem ser de natureza privada –, dos contratos administrativos, nos quais prepondera o poder exorbitante.

Os exemplos mostrados têm apenas o propósito elucidativo, uma vez que a atividade administrativa é composta de demandas tão diversas que o rol de instrumentos que permitem suas realizações é também inúmero.

Para conectar o tema aqui tratado com a compreensão do leitor acerca da prática da administração dos instrumentos de natureza especial que abordamos nesta obra, cumpre enunciar algumas espécies de fundamental utilização pelo Poder Público.

Sabemos que o número de ajustes jurídicos postos à disposição das partes é infinito, e que o seu surgimento decorre principalmente da evolução da civilização e da busca dos operadores do direito de se adequar a essa situação.

Como este trabalho é desprovido da intenção de fazer uma narrativa exaustiva acerca da nomenclatura da tipologia contratual utilizada de forma costumeira pelo Poder Público, devemos trazer à luz um ajuste de grande importância e indissociável da relação necessária que se faz com a coletividade. É inegável que o contrato de maior significação na sociedade atual é o de CONCESSÃO.

Como não há significativa divergência conceitual na doutrina, podemos dizer que a concessão é o contrato administrativo por meio do qual o Poder Público confere a particulares a utilização exclusiva de um bem público para exploração ou prestação de um serviço que deveria ser efetivado originariamente pelo ente público à população. O Poder Público ou privado, segundo as normas do contrato, buscará a remuneração do serviço prestado à população por meio dos preços públicos, que devem atender àqueles princípios que já elencamos, notadamente a modicidade. Não é dado ao particular enriquecer em razão da prestação do serviço, tampouco se locupletar indevidamente, mas aplicar preços razoáveis conforme prévia disposição contratual.

Nessa esteira, o Poder Público busca, com o necessário e prévio certame licitatório, convocar as empresas aptas a prestar o melhor serviço à população. Assim, são negociados por meio da concessão os serviços de telefonia, energia elétrica, fornecimento de água e gás, construção e exploração de tráfegos viários e transporte coletivo.

Do rol de caráter exemplificativo, concluímos a vital importância no mundo moderno desse instrumento contratual do direito administrativo. Contudo, vale lembrar que, conforme jurisprudência, a questão tarifária – aspecto que diz respeito à remuneração pela prestação do serviço –, é de competência do poder concedente na figura do Estado. Assim, compete à administração pública fiscalizar a atividade do concessionário. A natureza pública do serviço não é alterada pelo fato de ter sido delegada a particular, cabendo ao Estado, no interesse da coletividade, atuar sempre que necessário.

(6.2)
Da legislação aplicada

Os atos negociais dos particulares têm como substrato jurídico a legislação civil, informada pela teoria geral dos contratos, enquanto a administração pública tem como suporte legal a legislação esparsa, ainda não codificada, para efetivar a aquisição de seus bens e a prestação dos serviços à população.

Dessa assertiva, resulta que a administração pública busca na essência da teoria civilista os elementos integrantes do contrato administrativo e regulamenta os traços que são peculiares ao contrato público. Com esse escopo, nenhuma legislação foi tão profícua na regulamentação e na padronização das normas que regem a contratação pública quanto a Lei Federal n° 8.666, de 21 de junho de 1993 (Brasil, 1993), denominada *Estatuto das Licitações*.

Circunscrevendo seus efeitos a todas as esferas de governo, o objetivo principal dessa lei foi substituir a regulamentação então vigente acerca da matéria, que ainda reinava sob o manto que se desvanecia da ditadura militar. Assim, o estatuto das licitações nasceu para estabelecer normas gerais acerca das aquisições e dos contratos públicos. Sobre tal assertiva cumpre tecer algumas considerações.

Em face da competência definida pela Constituição Federal, coube à União editar normas de caráter geral sobre as compras e os serviços públicos. Gerais são aqueles dispositivos que não possuem a especificidade necessária para atuarem de forma isolada no mundo jurídico. Assim, precisam de suprimento, advindo da legislação local, em face das necessidades e da conveniência. Nessa esteira, os estados-membros editam leis ordinárias a fim de, observados os limites globais definidos pela lei federal, buscar o atendimento de situações particulares e atinentes a sua realidade.

Para pleno domínio do assunto que expomos neste trabalho, é de vital importância situarmos o leitor no contexto da forma de aquisição dos produtos e dos serviços utilizados pela administração.

A licitação, de forma sucinta, é a utilização de um procedimento estabelecido em lei para que a administração obtenha a melhor proposta dos interessados na prestação de um serviço ou na compra de produto necessário à realização de sua atividade-fim.

Por trás desse enfoque, estão os princípios já relacionados nesta obra. Utilizando esse procedimento, o Poder Público observa o princípio da publicidade ao tornar visível à coletividade seu interesse na busca da contratação. Da mesma forma, consagra o princípio constitucional da isonomia ou da igualdade entre os cidadãos, para que estes participem do certame de acordo com seu particular interesse e visem oferecer ao Estado a mais vantajosa das propostas.

Feita essa pequena digressão, retornamos ao ordenamento legal pertinente à matéria. Os contrastes entre o público e o privado, em matéria de aquisição, exsurgem a cada item que analisamos. Assim, três núcleos de ação informam o agir do particular na esfera contratual: o objeto lícito, a vontade das partes e o valor do bem a ser negociado. Sob tais parâmetros, não está ao alcance do Poder Público e de terceiros impor sua vontade. Daí se deduz que a liberdade contratual privada somente encontra limite na infringência à legalidade do objeto a ser negociado.

No que tange ao público, porém, não olvidando a tríplice formação citada, há que se observar todos os princípios que informam a atuação do agente público, com notada ênfase no interesse e na finalidade públicos.

Assim agindo, o Poder Público cumpre na íntegra sua função: proporcionar, de forma legal, transparente e eficaz, os serviços necessários à população.

Nessa esteira, por meio do estatuto licitatório – Lei Federal n° 8.666/1993 – e de alterações posteriores, normatiza-se não só a escolha do rito a ser seguido para a aquisição, mas também os bens que podem ser alvo desse negócio, já que ao Estado não é permitido praticar atos de mercancia. Assim, a administração só pode adquirir os bens que utilizará na prestação de serviços para a coletividade ou para a manutenção e a reposição do seu maquinário. Seguindo essa senda, são regulados também os valores dos negócios a serem firmados, que serão dispensados do certame licitatório, e as situações caracterizadas como extraordinárias, que, da mesma forma, não precisam se submeter ao procedimento normal, porque exigem da administração uma resposta célere, sob pena de a demora decorrente do processo normal de contratação causar maior dano à situação de carência que esteja ocorrendo na prática.

É de tanta importância na rotina administrativa a lei de licitações que, a par de estabelecer toda a normatização acerca das contratações do serviço público, o legislador pátrio foi além ao fixar penas para o administrador público que não seguir fielmente suas diretrizes.

De tudo o que dissemos acerca dos atos de gestão do Estado, concluímos que o princípio da legalidade se impõe verticalmente sobre os agentes ao não permitir a atuação diversa dos comandos da lei.

Além disso, o legislador procurou dar ênfase à moralidade e à probidade, que devem sempre nortear a atuação do agente público, levando-se em conta o gerenciamento de recursos públicos, que devem ser tratados com o maior zelo. Novamente, consagraram-se princípios e postulados erigidos por conta do constituinte originário, com o advento da Constituição Federal de 1988, estritamente voltados à administração pública.

O desiderato desse dispositivo legal, se considerarmos o enfoque sistemático da legislação pátria, foi o de reforçar o controle sobre a essencial probidade do agente público, já almejada por ocasião da edição da Lei nº 8.429, de 2 de junho de 1992 (Brasil, 1992). Também de âmbito federal, a chamada *lei da improbidade* foi editada em época na qual eclodiam nos recantos mais escondidos da nação denúncias e fatos comprovados de mal uso do dinheiro público.

De estrutura avançada e complexa, a lei de improbidade procurou listar no polo ativo da relação jurídica todos aqueles que, por qualquer liame, estabelecessem vínculo com a administração pública. Por isso, independentemente da espécie de investidura, para os fins dessa lei é considerado agente público todo aquele que exerce alguma atividade pública. A conceituação genérica do agente público teve a proposital intenção de abarcar sob seu manto todos aqueles que mantinham com o Poder Público alguma relação que lhes garantisse contraprestação advinda do erário.

O diploma foi além de estabelecer o rol de núcleos ativos e omissivos na configuração da transgressão funcional. A par das penas de natureza criminal, civil e de repercussão administrativa preconizadas nas legislações pertinentes, impôs o aludido diploma legal sanções de natureza patrimonial.

Esse dispositivo inovou também ao tentar dar conhecimento à sociedade do conjunto patrimonial respectivo dos agentes públicos. A partir do advento da nova legislação, a investidura dos destinatários da norma ficou condicionada à apresentação da declaração de bens que integram seu patrimônio.

Com essa medida, instituiu-se um mecanismo que possibilitou aos órgãos de controle interno e externo da administração a verificação do crescimento patrimonial, considerando-se precipuamente a módica remuneração oferecida pelos cofres públicos.

Assim, em uma análise superficial, é possível perceber que os comandos da lei de improbidade atenderam às emanações constitucionais voltadas à legalidade, à moralidade e à eficiência do serviço público.

Todavia, não só a legislação pós-Constituição incrementa o sistema jurídico pátrio. Com efeito, a Constituição Federal de 1988 recepcionou o que se pode denominar de *estatuto orçamentário das pessoas jurídicas de direito público*. Por seus princípios, a Carta-Mãe acolheu a Lei nº 4.320, de 17 de março de 1964 (Brasil, 1964), que já dispunha de normas gerais de direito financeiro para a elaboração e o controle dos orçamentos da União, dos estados, dos municípios e do Distrito Federal.

Com a manutenção desse diploma legal em seu sistema jurídico, o constituinte originário buscou obter a transparência e a publicidade essenciais à gestão dos gastos públicos. Por conseguinte, denomina e classifica todas as receitas, ou seja, toda a forma de estipêndios ou rendas que ingressam nos cofres públicos. Do mesmo modo, lista as espécies de despesas a que as pessoas jurídicas contempladas estão submetidas.

Mais uma vez, à guisa de abordagem superficial com intenção de situar o leitor na atividade pública, cumpre a enunciação dos gêneros e espécies de que trata a lei.

Preliminarmente, a fim de um perfeito desencadeamento de ações, devemos referir que a pessoa jurídica elabora um documento no qual faz circunstanciada narrativa da sua situação econômico-financeira, fazendo uma estimativa dos valores que pretende arrecadar em determinado período. Ali também estão contidos os gastos que deverá realizar. Tal perspectiva decorre do desempenho obtido em anos anteriores e de resultados de negócios firmados e/ou em andamento. Esse complexo documento a que nos referimos chama-se *proposta orçamentária* e, se chancelada pelo poder Legislativo, receberá a forma de lei orçamentária.

No projeto, estão especificados os dois grandes grupos de receitas. O primeiro é denominado de *receitas correntes* e contém os seguintes subgrupos: receitas tributária, patrimonial, industrial e diversas.

As receitas tributárias são aquelas que integram os valores que entram nos cofres públicos por meio de atuação direta da fiscalização estatal, integrada por impostos, taxas e contribuições de melhoria.

Já a receita patrimonial engloba os valores advindos de transações imobiliárias, os valores mobiliários e os decorrentes de participações e dividendos. A receita industrial é aquela que advém de serviços dessa natureza e as receitas diversas são aquelas advindas principalmente do resultado da aplicação de multas e cobranças de dívidas ativas.

O segundo é denominado *receitas de capital*. Estas provêm de operações de crédito realizadas por pessoa jurídica e também são integradas pelo produto da alienação de bens móveis e imóveis. Esse grupo pode ser representado pela amortização de empréstimos concedidos e pelas transferências de capital. Assim, quando um estado federado recebe empréstimo da União para efetuar o pagamento de determinadas despesas, tais valores são classificados como receita de capital.

No que concerne à despesa, os dois grupos que contemplam as várias espécies de encargos cometidos às pessoas jurídicas de direito público são as despesas correntes e as de capital.

As despesas decorrentes podem ser subdivididas em duas subcategorias: despesas de custeio e transferências correntes.

As despesas de custeio são representadas pelos gastos com todo o pessoal que se utiliza a pessoa jurrídica, bem como os gastos com a manutenção da obra pública. Já as transferências correntes englobam as subvenções sociais e econômicas, além dos pagamentos de pensionistas e inativos.

Por sua vez, as despesas de capital são aquelas que englobam os custos da pessoa jurídica no que diz respeito aos investimentos e que produzem aumento patrimonial equivalente. Fazem parte desses investimentos os recursos utilizados para o planejamento e a execução de obras públicas, os equipamentos e as instalações, os materiais de duração permanente e as aquisições de imóveis.

Insistimos que os ditames da lei orçamentária destinam-se a todas as pessoas jurídicas de direito público.

Embora exista todo esse complexo sistema de controle da atividade estatal, o sistema legal pátrio não descuidou do elemento humano. Além de se preocupar com o arcabouço estrutural, com os serviços e com a atuação dos agentes, procurou normatizar a prestação dos serviços e amparar juridicamente os seus prepostos.

Nessa prática, editou diplomas com o escopo de erigir regime jurídico, no qual estampou os deveres e os direitos dos servidores públicos.

Por conta da autonomia administrativa que delegou aos integrantes do sistema federativo, a União e os estados-membros organizaram-se e instituíram quadros de pessoal, visando, novamente, à otimização dos serviços públicos.

No âmbito federal, foi editada a Lei n° 8.112, de 11 de dezembro de 1990 (Brasil, 1990), que estabeleceu o estatuto dos servidores civis da União e fixou regime jurídico único para seus destinatários. No seu texto, instituíram-se vantagens, deveres, regime disciplinar, e garantia de sistema de previdência – que, nos termos da Constituição Federal, contemplou aposentadoria com proventos integrais desde que atendidos determinados requisitos.

Em âmbito estadual, pode-se citar o caso do Estado do Rio Grande do Sul. O legislador da província editou legislação na esteira do ordenamento federal. Quase que idêntica em seu teor, surgiu a Lei n° 10.098, de 3 de fevereiro de 1994 (Rio Grande do Sul, 1994), que dipõe sobre o Estatuto do Servidor Público do Estado do Rio Grande do Sul, instituindo um regime jurídico único um regime jurídico único, com análogos benefícios e responsabilidades.

Atividades

1. Qual é a importância da legislação no trato do bem público?
2. Qual é a relação entre o art. 37 da Constituição Federal e a atividade do gestor público?

(7)

Os efeitos da atuação
do Poder Público

Geraldo Jobim é graduado em Direito pela Universidade do Vale do Rio dos Sinos – Usininos, especialista em Direito Público pela Universidade Federal do Rio Grande do Sul – UFRGS e mestrando em Direito pela Universidade Luterana do Brasil – Ulbra.

Geraldo Jobim

Neste capítulo, falaremos sobre a atuação do Poder Público e os efeitos que esta causa na população.

(7.1)
Considerações iniciais

Já dissemos que a atividade da administração pública se faz sentir por atos administrativos, editados em consonância com as estruturas sob as quais está erigida a atuação do Poder Público.

Tal assertiva encerra a atividade necessária do Poder Público, voltada ao bem comum. No entanto, a atuação dos agentes públicos, quer esteja revestida, ou não, de legalidade e interesse público, poderá trazer gravame à sociedade.

Reside aí, nas consequências da atividade administrativa, um capítulo de interesse e de repercussão no mundo jurídico, pois retrata a forma pela qual o Estado providenciará a reparação de eventual atuação danosa ao particular, e as circunstâncias em que se pode atribuir responsabilidade ao ente público.

A matéria a ser aqui tratada não pode se aprofundar em seara afeta ao dano patrimonial, mas sim demonstrar que o Estado, embora assuma uma peculiar situação de supremacia na relação com o particular, ao contrário da antiga concepção totalitária de governo, submete-se às cominações legais no que tange à recomposição do dano causado.

Também não buscamos esmiuçar os postulados que desenharam o arcabouço das diversas teorias desenvolvidas no decorrer da história e que culminaram com a atual orientação de que, agindo o Estado – por meio de seus agentes – com culpa, que deve indenizar a parte prejudicada. Pretendemos refletir, de forma prática e interessante, sobre os inúmeros modelos de ações justas ou injustas, legais ou ilegais, oriundas do Poder Público, que permitem ao particular fazer uso de remédios judiciais dos quais se utilizaria diante de outro particular.

Diversas são as situações que podem acarretar prejuízo à população e diversas também são as circunstâncias que conduzem o administrador a tomar determinada medida desaconselhável, seja por ser inoportuna ou inconveniente, seja por decorrer de ato ilegal da autoridade. Na doutrina, encontramos autores que pretendem desvencilhar a atividade de Estado, na acepção de pessoa jurídica, da atuação do funcionário que age no exercício da sua função.

Embora importe ao próprio Poder Público estabelecer de que forma agiu seu preposto, essa conduta tem o escopo apenas de buscar o equivalente ao prejuízo causado ao particular, por meio da competente ação de regresso. Não se olvide que a estrutura jurídica da pessoa (Estado) é uma, não se dissociando a atuação do elemento humano do elemento estrutural que é o órgão. Por esse motivo, não nos interessa dissecar os meandros da atividade do servidor, conduta da qual deve se desincumbir a administração, utilizando meios apuratórios postos à sua disposição pelo legislador.

Superadas as necessidades de se enfocarem as nuances das diversas teorias que passaram da irresponsabilidade absoluta do Estado até o advento das modernas teorias da culpa estatal e a vanguarda consubstanciada na teoria objetiva, na qual cabe demonstrar unicamente a existência de dano, podemos relacionar alguns eventos que ensejam a reparação por conta do Poder Público.

(7.2)
Dos fatos da administração e sua repercussão

A seguir, falaremos sobre algumas situações em que a administração pública deve agir.

Artefatos bélicos

A soberania nacional, já apreciada por ocasião da formação do Estado, muitas vezes requer para sua manutenção a demonstração de que o ente público tem força e capacidade de se administrar. Para obter êxito nesse desiderato, o Poder Público lança mão de atividades de natureza militar ou paramilitar, que podem acarretar consequências lesivas ao particular. Assim, em treinamentos de guerra, o erro do cálculo de lançamento de um projétil que venha atingir um cidadão, ou um bem de particular, pode determinar a obrigação da recomposição do dano, desde que se comprove que o particular não infringiu normas regulamentares de segurança. Não é raro nos depararmos com a queda de aviões de guerra em regiões habitadas, seja por falha humana, seja por defeito no utensílio bélico, caso típico e clássico da necessidade da indenização estatal nos sistemas jurídicos em que se adota a teoria objetiva (Cretella Junior, 2000, p. 624).

Obras de engenharia

A construção de obras de engenharia talvez seja a atividade estatal que mais absorva recursos do erário. Para atingir diversos fins, o Estado busca na contratação de terceiros o instrumento para atender a suas carências e a situações extraordinárias que podem causar grave prejuízo à coletividade.

Os constantes alagamentos a que estão sujeitas as metrópoles em face do contínuo asfaltamento de suas vias de tráfego conduzem o administrador a tomar medidas para sanar esse problema. Assim, na construção ou na ampliação de conduto cujo objeto seja o escoamento do excesso pluvial, canteiros de obras são instalados e suas extensões podem causar limites e restrições à atuação dos cidadãos.

Portanto, os indivíduos podem ter seu acesso dificultado não só às suas residências, mas também ao seu local de trabalho. Em um ponto de comércio, por exemplo, se o proprietário não puder permitir que os clientes entrem no recinto, não será possível que ele exerça sua atividade mercantil ou empresarial, acarretando esse embaraço um dano a ser recomposto pelo Poder Público. Da mesma forma, o corte inesperado da energia elétrica pode causar a perda de bens perecíveis que estejam estocados. O abastecimento de água que for interrompido bruscamente ou em razão de obra pode levar à indenização estatal. Tais situações ocorrem com frequência com produtos decorrentes de atividades fabris ou industriais que têm na água elemento indispensável para sua elaboração. Note-se que não foram referidos os eventos acidentais que podem vitimar não só os trabalhadores das obras, mas os particulares que pelas suas imediações transitam (Cretella Junior, 2000, p. 627).

Exercício do poder de polícia

Durante a prestação de seus serviços, os agentes estatais podem cometer excessos que acabem por atingir terceiros que não tinham originariamente relação com o evento.

Ao falarmos sobre poder de polícia, não estamos limitando o evento danoso às atividades das autoridades ou dos agentes policiais. Há de se ampliar o leque de ações e estendê-lo em consonância com o conceito doutrinário de poder de polícia, que é o conjunto de atividades do Poder Público com vista a restringir direitos dos particulares no interesse público (Meirelles, 2007, p. 129).

Nesse contexto, as autoridades estatais perseguem indivíduos suspeitos do cometimento de transgressões e, para sua eficaz abordagem, podem efetuar uso excessivo da força e de seu aparato militar. Como consequência, estranhos podem ser atingidos por projéteis de arma de fogo ou vitimados em outras circunstâncias. Nesses casos, caberá ao Poder Público indenizar o particular ou demonstrar que a conduta dele foi inadequada à situação consumada. Já relação ao particular, este deverá demonstrar o excesso indevido perpetrado pelo preposto do Estado.

Pode a atividade estatal, ainda sob o manto do poder de polícia, resquício de sua atividade de império, causar prejuízo ao cidadão em casos de suspensão de determinada atividade comercial em face de aparente desobediência aos regulamentos (Cretella Junior, 2000, p. 628). Assim, o eventual alvará que permite o funcionamento de determinada atividade fiscalizada pelo Poder Público pode ser cassado de forma arbitrária, cessando a atividade e causando prejuízo material ao permissionário. Revisto o procedimento e constatada a falha do agente público, caberá à administração recompor a situação financeira.

Não se esgotam nos exemplos aqui delineados os excessos decorrentes do poder de polícia arbitrariamente exercido, já que o amplo espectro da atuação do Poder Público oferece um sem-número de situações que levarão indubitavelmente o deslinde da matéria à apreciação judicial.

Casos de guerra

A tradição de relações internacionais do nosso país é marcada notadamente pela neutralidade.

Todavia, uma nação com a extensão territorial que o Brasil possui eventualmente tem estremecida sua relação de vizinhança por afronta ao ordenamento pátrio por particular de Estado estrangeiro, ou mesmo pela infração de agente seu em território estrangeiro, de cuja atuação possa decorrer dano material.

Se a relação fática se desenvolver no âmbito interno do Estado brasileiro e não envolver cidadão estrangeiro, deverá a lide se resolver com esteio no sistema jurídico pátrio.

Contudo, em algumas ocasiões, nações vizinhas se envolvem em conflagração, causando vítimas e danos de considerável custo aos seus cidadãos (Cretella Junior, 2000, p. 624). Nesses casos, as normas que deverão regrar a recomposição ao *status* originário advêm do direito internacional público.

Ao considerarmos o aspecto da reparação do dano por conta do Poder Público, interessam-nos, no entanto, os atos que, advindos de estado de sítio ou guerra, causem prejuízo aos indivíduos nacionais. A fim de rechaçar perigo iminente de invasão por Estado estrangeiro, ou mesmo para fazer cessar movimentos de sublevação da ordem, o Estado, por meio de seu aparato militar, naquilo que se denomina *operação de guerra*, atua com força desproporcional, já que suas forças armadas normalmente possuem poder de reação muito maior do que a potência que se pode originar de aglomerados civis.

Com esses exemplos, caracterizamos uma situação em que o Estado causa dano ao particular sem obrar com culpa, pois outra conduta não poderia ser exigida por conta dos administradores. Embora, em princípio, isentado da necessidade de reparação pela falta de ilicitude, o Estado, amparado nos modernos movimentos de solidariedade humana e justiça social edita, *a posteriori*, diplomas legais com a capacidade de ressarcir ou amenizar o prejuízo suportado pelos particulares. Tal assertiva encontra nos momentos finais da nossa ditadura militar exemplo clássico e que não deve ser esquecido.

Movimentos internos e revolucionários

Podemos considerar, para caracterizar a ausência de culpabilidade da pessoa jurídica de direito público, que os movimentos de massa e os com finalidade aparentemente revolucionária são ramificações do gênero abordado no subitem anterior. Ambos decorrem do descontentamento popular com situações que se originam de sistema político inadequado e contestado, ou de situação econômica combalida, mas trazem em comum a indelével matiz da insatisfação coletiva.

Esses tipos de movimentos não são desconhecidos do estudioso do direito público; a moderna e também a tradicional doutrina estão aí para lembrar-nos de que o ápice dos chamados *movimentos multitudinários (ou de massa)* foi alcançado, obteve larga projeção e também trouxe enorme preocupação aos governantes após a Revolução Francesa (Cretella Junior, 2000, p. 624-625).

Diversas nuances devem ser analisadas para a verificação da responsabilidade do Estado nessas situações: se foi omisso quando deveria ser atuante, se foi excessivo quando deveria ter usado de cautela ou parcimônia na força empregada, se a sublevação era prevista ou, ao menos, previsível e se com a sua diligência poderia tê-la evitado ou minimizado a envergadura de suas consequências.

Serviços úteis e essenciais

Vimos anteriormente que o Estado presta inúmeros serviços ao cidadão, sejam estes indispensáveis, necessários ou somente úteis.

Independentemente de sua classificação, se houver participação estatal de forma direta ou indireta na efetiva realização do serviço, há grande probabilidade de a responsabilidade, em caso de dano ao particular, recair sobre o Poder Público. Alguns autores relacionam serviços como os de postagem, de telecomunicações e emergenciais, como combate a incêndios, entre aqueles cometidos ao Estado e que, se porventura prestados com falta de eficiência, acarretam a necessária indenização àquele que sofre o dano (Cretella Junior, 2000, p. 625). Estriba-se a necessidade de o Poder Público arcar com os prejuízos causados, notadamente nos casos de serviços postais e telecomunicações, na contrapartida necessária, já que do particular que faz uso de tais serviços é cobrado o preço público. Para descaracterizar a indenização, não pode ser arguido o valor reduzido pago pelos serviços, visto que o baixo valor das tarifas decorre da aplicação prática de um dos princípios que informa a prestação dos serviços públicos, já visto nesta obra, que é a modicidade dos preços.

(7.3) Dos remédios judiciais oponíveis à administração

Muito já dissemos sobre os atos realizados pela administração e as suas consequências na vida do particular, sejam os atos justos e motivados, sejam injustos e desprovidos do interesse da coletividade.

Os casos em que uma ação danosa do Poder Público recai sobre a coletividade também já foram abordados rapidamente.

Dessa forma, se a ação administrativa, consubstanciada em ato da administração ou fato a ela imputado, lesa direito ou interesse de cidadão ou da própria coletividade, o conflito pode ser resolvido na seara administrativa mediante acordo entre Estado e particular.

Mas de que forma poderá o cidadão que cumpre com suas obrigações buscar a eventual satisfação de seu interesse, ou mesmo a recomposição do prejuízo suportado com a atuação pública, quando o Estado se nega administrativamente a recompor o dano?

Se considerarmos o que foi dito acerca da atuação da atividade jurisdicional no que tange ao controle dos atos administrativos, concluiremos que somente poderá o judiciário apreciar o aspecto da legalidade, aí incluída a finalidade do ato.

Sob esse prisma, cabe ao magistrado verificar a ocorrência do dano alegado com base nos elementos que nortearam a edição do ato administrativo, desde a sua formatação até a sua edição no veículo oficial.

Nenhum remédio judicial se mostrou mais apto a corrigir distorções administrativas e políticas, de forma célere e eficaz, do que o MANDADO DE SEGURANÇA. Esse mandado permite ao indivíduo que se julga lesado por ação ou omissão do Poder Público movimentar o aparato judicial por meio de ação de rito especial e obter a manutenção de direito líquido e certo que por ele pode ser exercitado. Contudo, é preciso lembrar que, embora de natureza mandamental, existem situa- ções que restringem a atuação do magistrado à emanação da ordem, podendo a autoridade dita coatora recalcitrá-la na sua posição originária, restando ao juiz enquadrá-la nas sanções do tipo penal de desobediência. Outras situações, em sede de mandado de segurança, exaurem-se com a decisão, já que a atividade jurisdicional é satisfativa, independendo de aquiescência e de subordinação da autoridade coatora à ordem judicial. Assim, no clássico exemplo de um comerciante que tem sua atividade embargada por ordem administrativa arbitrária e ilegal, em caso de emissão de determinação judicial em contrário, poderá o magistrado, permanecendo a desobediência, determinar por meio de uso de força policial e de serventuários da justiça o desembaraço e prosseguimento da atividade.

A doutrina abarca, na seara dos meios colocados à disposição dos particulares, a ação direta contra ato expropriatório da propriedade particular. Deixaremos de abordar esse instrumento, já que nos casos extremos de usurpação da propriedade pelo Poder Público somente resta ao particular alegar nulidade do decreto ou, na fase processual da desapropriação, insurgir-se contra a valoração pecuniária arbitrada. Nesses casos, o dano alegado, decorrente da expropriação, deverá ser suportado pelo cidadão em nome da supremacia do interesse coletivo.

Passaremos ao largo da utilização também do *habeas corpus* por se tratar de medida utilizada com o escopo de salvaguardar bem jurídico diverso do patrimonial, que é o assunto aqui tratado.

De mesma forma, a interposição da ação popular, embora possa ser manejada por qualquer do povo, visa resguardar o patrimônio da coletividade e não o de particular determinado.

Se o administrado não puder, pela perda do prazo, socorrer-se do mandado de segurança, poderá utilizar o meio processual mais tradicional, que é a AÇÃO ORDINÁRIA, que pelo seu rito comum acolhe as mais diversas situações e abriga a possibilidade de buscar maior conjunto probatório, visando à elucidação da lide.

Outro meio de larga utilização no sistema processual antigo, que persiste com nova nomenclatura, é a AÇÃO COMINATÓRIA, perpetrada com o fito de ordenar a administração a prestar coisa certa ou incerta e de se abster de fazer determinada coisa.

Em outra oportunidade, lembramos, em sede de contratos celebrados pela administração pública, que o Estado, na busca da otimização dos serviços por ele prestados, firma ajustes de natureza privada. Nessas ocasiões, despoja-se das cláusulas exorbitantes que caracterizam os contratos públicos e coloca-se em pé de igualdade com o outro polo da relação contratual. Assim, ao firmar CONTRATO LOCATÍCIO, sofre as mesmas sanções impostas ao particular em caso de descumprimento das cláusulas avençadas. Se, por um lado, na condição de locadora, a administração pública pode propor ação de despejo contra quem atrasa os alugueres, por outro, se for locatária e não adimplir com sua obrigação, poderá sofrer as cominações legais decorrentes de sua falta contratual.

Quando a Fazenda Pública, por falha em seu mecanismo arrecadatório ou omissão de seu agente, deixa de receber qualquer fonte de receita, tributos, contribuições ou qualquer preço público, pode o cidadão se ver obrigado a fazer uso da AÇÃO DE CONSIGNAÇÃO, cabendo ao poder judiciário compelir a administração a receber aquele valor e regularizar a situação do contribuinte.

Cabe apontar aqui, apenas para que não passe em branco, que, embora haja dissidência doutrinária, os INTERDITOS POSSESSÓRIOS, de enorme importância no direito civil, também podem ser opostos à administração para desfazer consequências de atos administrativos. Apesar dessa oscilação teórica, a jurisprudência tem acolhido ações possessórias com vista a controlar atos da administração pública.

Qualquer abordagem acerca dos remédios legais e constitucionais colocados à disposição do cidadão que se julgar lesado em seu interesse deve enunciar no seu rol duas grandes novidades que surgiram em nosso sistema jurídico, com o advento da Carta de 1988. Pelo *habeas data*, cuja origem remonta ao direito português, o indivíduo garante perante repartições públicas o acesso às informações acerca de seu passado ou mesmo dos dados atuais atinentes à sua condição de cidadão. Já mediante interposição do MANDADO DE INJUNÇÃO, que tem raízes no direito anglo-saxão, mas sofreu forte influência no direito português, o indivíduo procura, sob o manto do Poder Judiciário, resguardar-se de ato de particular, ou emanado do Poder Público, que viola direito cujo exercício está pendente de norma reguladora.

Lembramos novamente que o pequeno elenco de medidas oponíveis ao poder de império da administração pública aqui citadas têm o objetivo de introduzir o leitor, de modo prático e eficaz, à complexa gama de aspectos que informam a exaustiva atuação do Poder Público na coletividade, não tendo o desiderato de classificação definitiva.

Atividade

O poder de polícia está legislado no Código Tributário Nacional (CTN). Procure no CTN a definição desse poder e a relacione com o abuso de poder na prática dos atos administrativos.

(8)

Bens públicos

Geraldo Jobim

Neste capítulo, conheceremos de modo mais aprofundado os bens públicos, como se dá e quais são as classificações destes. Os bens públicos são aqueles de titularidade do Estado que, por via transversa, pertencem ao povo. Assim, há um complexo de bens que pertencem ao Estado e que devem ser mantidos pelo erário público, pois o ente público deve, para alcançar seus objetivos primários de realização do bem social, ter uma estrutura patrimonial complexa. Estudaremos, neste capítulo, sua história e sua classificação.

(8.1)

Breve relato histórico

A noção de Estado está intimamente ligada à organização política deste, tendo como sentido o conceito de nação politicamente desenvolvida e que assim exerce a soberania sobre as coisas que estão em seu território. Nesse sentido é relevante apontar para os bens, objeto das relações intersubjetivas. Assim, enquanto alguns bens pertencem ao Estado, outros, em razão das inúmeras trocas de titularidade que estes ensejam na realidade privada, pertencem a particulares. Esses bens ficam sujeitos às restrições administrativas impostas pela lei e exercidas pelo Estado; outros, contudo, não pertencem a ninguém, pois são inapropriáveis. Entretanto, a sua utilização se subordina às normas próprias para situações que são estabelecidas pelo Estado. Esse conjunto de bens constitui o *domínio público*.

Assim, existem os bens pertencentes ao Estado e/ou aos particulares, mas com o seu gozo sujeito a restrições legais, e os inapropriáveis, que possuem regramento relativamente à sua utilização.

O conceito de domínio público está relacionado ao direito de propriedade exercido pelo Estado sobre determinados bens pertencentes às entidades públicas. Assim, *domínio público* representa o poder que o Estado exerce sobre os bens públicos e privados em que recai o interesse coletivo.

Bens públicos são, portanto, todas as coisas, corpóreas ou incorpóreas, imóveis, móveis e semoventes, créditos, direitos e ações, que se vinculem, a qualquer título, às entidades estatais, autárquicas, fundacionais e paraestatais.

(8.2)
Classificação

Os bens se classificam quanto à natureza de sua personalidade, segundo sua destinação e de acordo com a sua utilização.

Quanto à personalidade

A personalidade pode ser federal, estadual ou municipal, conforme a pessoa jurídica de direito público a que pertençam ou à autarquia, à fundação ou à entidade paraestatal a que se conectem.

Quanto à destinação

Segundo a destinação, o Código Civil (Lei n° 10.406, de 10 de janeiro de 2002) reparte os bens públicos em três categorias (Brasil, 2002):

1. de uso comum do povo (mares, rios, estradas, ruas e praças);
2. de uso especial, como os edifícios ou terrenos aplicados a serviço ou estabelecimento federal, estadual ou municipal;
3. dominiais, isto é, os que constituem o patrimônio disponível, como objeto de direito pessoal ou real.

Quanto à utilidade

Em relação ao uso do bem, há também os bens do DOMÍNIO PÚBLICO (uso comum do povo, como as praças) e os bens do PATRIMÔNIO ADMINISTRATIVO OU PATRIMONIAIS INDISPONÍVEIS (uso específico da administração, como os prédios que abrigam os entes públicos).

(8.3)
Terras públicas

As terras que não possuem título de propriedade particular, e que não são devidamente registradas em nome de um particular, são consideradas de domínio público. Assim, consideram-se terras de domínio público: terras devolutas, terras ocupadas pelos silvícolas, plataforma continental, terrenos de marinha, terrenos acrescidos, ilhas de rios públicos, vias e logradouros públicos, fortificações e prédios públicos.

- TERRAS DEVOLUTAS – Pertencem ao domínio público de qualquer das pessoas jurídicas do Estado (União, estados, municípios e o Distrito Federal) e não se acham utilizadas pelo Poder Público nem dirigidas a fins administrativos específicos.
- PLATAFORMA CONTINENTAL – É o prolongamento das terras que avançam sob o mar até a profundidade aproximada de 200 metros.
- TERRAS OCUPADAS PELOS SILVÍCOLAS – São porções do território nacional necessárias às sobrevivências física e cultural das populações indígenas.
- TERRENOS DE MARINHA – São as faixas de terra, de 33 metros, contados a partir da linha maré alta, banhadas pelas águas do mar, rios ou lagoas.
- ILHAS – As ilhas e os lagos públicos interiores pertencem aos estados-membros e as dos rios e lagos que têm fronteiras com estados estrangeiros pertencem à União.
- FAIXA DE FRONTEIRA – Seu tamanho é de 150 quilômetros de largura, paralela à linha divisória do território

brasileiro. Nessa faixa, as alienações e as construções ficam sujeitas às limitações impostas por entidades especiais relativas à defesa do Estado.

- VIAS E LOGRADOUROS PÚBLICOS – Pertencem às administrações que os edificaram. Apresentam-se como bens de uso comum do povo, quando não há nenhum tipo de restrição a sua utilização, ou bens de uso especial – como no caso de estradas reservadas a determinadas utilizações ou a certos tipos de veículos –, tendo em vista sua destinação ou seu revestimento. Também podem ser citadas as estradas cujo uso é pago mediante tarifa de pedágio e aquelas cujo o trânsito é condicionado a horário ou a tonelagem máxima, o que as torna verdadeiros instrumentos administrativos de uso especial.

(8.4)
Águas públicas

As águas públicas se dividem em externas e internas. Externas são as que margeiam o continente e internas as que banham exclusivamente o território nacional ou servem de divisa entre Estados estrangeiros. O domínio exercido pela nação sobre as águas internas é completo; em relação às externas, há necessidade de regras internacionais que regulam o sistema de águas.

- ÁGUAS INTERNAS – São rios, lagos e mares interiores; portos, canais e ancoradouros; baías, golfos e estuários.
- ÁGUAS EXTERNAS – Compreendem o mar territorial, as águas contíguas e o alto-mar.
- MAR TERRITORIAL – Está fixado numa faixa de 200 milhas marítimas de largura, medidas a partir da linha

do beira-mar do litoral continental brasileiro. O Brasil exerce todos os direitos de soberania e de domínio no mar territorial, inclusive seu leito, subsolo e espaço aéreo.

- ÁGUAS CONTÍGUAS – São as que se situam entre o mar territorial e o alto-mar. Sobre essas águas o Estado pode exercer certos atos de fiscalização.
- ALTO-MAR – Toda extensão de águas marítimas entre as zonas contíguas dos continentes. Tais águas são chamadas de *res nullius*, pois são de uso comum.

(8.5)
Jazidas

As jazidas são recursos naturais que os Estados possuem no subsolo e que representam grande parte da riqueza de um país. A Constituição Federal, além de atribuir ao Estado o direito absoluto sobre tais bens, é o texto legal que ampara e constitui legislação específica para o caso de permissão e concessão de exploração de tais domínios, representando, também, uma fonte de receita e de supremacia dos países sobre o solo e subsolo.

A Constituição Federal estabelece que:

> Art. 176. *As jazidas, em lavra ou não, e demais recursos minerais e os potenciais de energia hidráulica constituem propriedade distinta do solo, para efeito de exploração ou aproveitamento, e pertencem à União, garantida ao concessionário a propriedade do produto da lavra.*
> § 1° *A pesquisa e a lavra de recursos minerais e o aproveitamento dos potenciais a que se refere o "caput" deste artigo somente poderão ser efetuados mediante autorização ou concessão da União, no interesse nacional, por brasileiros ou*

empresa constituída sob as leis brasileiras e que tenha sua sede e administração no País, na forma da lei, que estabelecerá as condições específicas quando essas atividades se desenvolverem em faixa de fronteira ou terras indígenas.

§ 2° É assegurada participação ao proprietário do solo nos resultados da lavra, na forma e no valor que dispuser a lei.

§ 3° A autorização de pesquisa será sempre por prazo determinado, e as autorizações e concessões previstas neste artigo não poderão ser cedidas ou transferidas, total ou parcialmente, sem prévia anuência do poder concedente.

§ 4° Não dependerá de autorização ou concessão o aproveitamento do potencial de energia renovável de capacidade reduzida.

O Código de Mineração, Decreto-Lei no 227, de 28 de fevereiro de 1967 (Brasil, 1967b), regulamenta a autorização de pesquisa mediante alvará concedido pelo Estado, por meio de pedido efetuado ao Departamento Nacional de Produção Mineral. O minério extraído passa a pertencer ao minerador, que poderá utilizá-lo ou comercializá-lo livremente.

Petróleo

O petróleo e os gases naturais pertencem à União, a título de domínio privado, podendo sujeitarem-se à pesquisa e à lavra das jazidas, sempre tendo como regra geral o Código de Mineração.

Minérios nucleares

Constitui monopólio da União a pesquisa e lavra das jazidas de minérios nucleares no território nacional, bem como o comércio, a produção e a industrialização de todos os seus produtos e subprodutos. A Lei nº 4.118, de 27 de agosto de 1962 (Brasil, 1962), criou a Comissão Nacional de Energia Nuclear e regulamentou o monopólio da União para explorar e desenvolver os minérios nucleares. As minas e jazidas de substâncias de interesse para a produção de energia atômica constituem reservas nacionais, consideradas essenciais à segurança do país.

(8.6)
Florestas

As florestas e demais formas de vegetação são consideradas bens de interesse comum a todos os habitantes do país, permitindo que sobre elas se exerça direito de propriedade, mas com a limitação que a lei, especialmente o Código Florestal (Lei nº 4.771, de 15 de setembro de 1965 - Brasil, 1965), impõe.

(8.7)
Fauna

Os animais silvestres são bens de domínio da União. A competência para legislar sobre a fauna é concorrente entre a União, os Estados e o Distrito Federal. Tal competência está disposta no art. 23 da Constituição Federal. "É competência comum da União, dos Estados, do Distrito Federal e dos Municípios: [...] VII – preservar as florestas, a fauna e a flora [...]".

O Código de Caça, Lei nº 5.197, de 3 de janeiro de 1967 (Brasil, 1967c), considera silvestres os animais de qualquer espécie, em qualquer fase do seu desenvolvimento, que vivem naturalmente fora de cativeiro.

O Código de Pesca, Decreto-Lei nº 221, de 28 de fevereiro de 1967 (Brasil, 1967a), define a pesca, para os seus fins, como todo ato tendente a capturar ou extrair elementos animais ou vegetais que tenham na água seu normal ou mais frequente meio de vida, classificando-a como COMERCIAL, DESPORTIVA e CIENTÍFICA, conforme o objetivo. São de domínio público os animais e os vegetais encontrados em águas dominiais.

(8.8)
Espaço aéreo

O espaço aéreo é considerado de domínio público, sendo o Estado livre para exercer sua soberania. Diz o art. 11 do Código Brasileiro da Aeronáutica, Lei nº 7.565, de 19 de dezembro de 1986 (Brasil, 1986): "O Brasil exerce completa e exclusiva soberania sobre o espaço aéreo acima de seu território e mar territorial".

(8.9)
Alienação de bens públicos

Os bens públicos são inalienáveis enquanto destinados ao uso comum do povo ou a fins administrativos especiais, isto é, enquanto tiverem AFETAÇÃO pública, ou seja, destinação pública específica. Tomemos como exemplo uma praça ou um edifício público, que não pode ser alienado enquanto tiver essa destinação, mas que poderá ser objeto de transferência de titularidade, doando ou permutando quando por lei for DESAFETADO da destinação que a lei originariamente lhe imputou. Tal procedimento carrega o bem para a categoria de bem dominial, isto é, do patrimônio disponível da administração. Segundo Araújo (2005):

- VENDA – Venda e compra é o contrato civil ou comercial, conforme o art. 481 do Código Civil Brasileiro, sendo o instrumento pelo qual uma das partes (alienante) transfere a propriedade de um bem à outra (adquirente), mediante preço certo em dinheiro. Toda venda, ainda que de bem público, é contrato de direito privado, pois o Estado ingressa na relação jurídica como se fosse particular. Deve ser precedida de autorização legislativa e concorrência pública.
- DOAÇÃO – É o contrato pelo qual uma pessoa (doador) por liberalidade, transfere um bem do seu patrimônio para o de outra (donatário), que o aceita, tudo a teor do art. 538 do Código Civil Brasileiro. É um contrato civil, amparado na liberalidade do doador, embora possa existir doação com encargos para o donatário. É o caso das doações condicionadas. Como todo ato que a administração pratica depende de autorização legal, é necessária lei que autorize a doação.
- DAÇÃO EM PAGAMENTO – É a entrega de um bem para solver dívida e está prevista nos arts. 356/359 do Código Civil Brasileiro. A coisa dada pode ser de qualquer espécie ou natureza, contanto que não seja em espécie,

desde que o credor consinta no recebimento em substituição do valor que lhe era devido.
- PERMUTA – É o contrato pelo qual as partes transferem e recebem um bem uma da outra. É, na realidade, uma troca. A permuta pressupõe igualdade de valor entre os bens; entretanto, pode haver disparidade, desde que o valor restante seja acertado entre as partes. Deve haver autorização legislativa para comprovar a compatibilidade do bem a ser trocado e o interesse da administração no referido bem. Exige-se autorização legal e avaliação prévia dos bens a serem trocados. Nesse caso, não há exigibilidade de licitação. Está amparada pelo art. 17 da Lei nº 8.666/1993.
- CONCESSÃO DE DOMÍNIO – Só é utilizada nas concessões de terras devolutas da União, dos estados e dos municípios, consoante prevê a Constituição da República. São vendas ou doações das terras públicas, sempre autorizadas por lei. Tem seu antecedente histórico na concessão de sesmarias, datado da época imperial.

Atividade

Qual é a importância da desafetação do bem público? Como se dá tal procedimento?

(9)

Contratos administrativos

Geraldo Jobim

Neste capítulo, teremos a oportunidade de conhecer melhor os contratos administrativos, formas de materializar uma avença entre o Estado e os particulares. Desse modo, o contrato terá sempre conteúdo econômico, pois é de sua natureza representar um acordo de vontades envolvendo um bem jurídico, que, no caso do governo, será um bem público. Portanto, veremos seu conceito, suas peculiaridades e suas interpretações.

(9.1)
Conceito

Contrato é um ajuste em que a administração pública, agindo no interesse público, pactua com particular ou outra entidade administrativa para a consecução de determinados objetivos, sempre nas condições estabelecidas pela própria administração.

Os contratos administrativos podem ser:

- de colaboração;
- de atribuição.

Contrato de colaboração é aquele em que o particular se obriga a prestar ou a realizar algo para administração; o contrato de atribuição é aquele em que a administração confere determinadas vantagens ou certos direitos ao particular, tal como o uso especial de bem público.

(9.2)
Peculiaridades

Os contratos administrativos possuem algumas peculiaridades não encontradas nos contratos de direito civil. São as chamadas *cláusulas exorbitantes* (podem determinar prerrogativas, no interesse do serviço público, tais como a ocupação do domínio público e a atribuição de arrecadar tributos), concedidas ao particular contratante para a execução do contrato. As principais são:

- A possibilidade de alteração e rescisão unilateral do contrato, pois a administração pode mudar o contrato SEMPRE.
- O equilíbrio econômico e financeiro na possibilidade de reajustes necessários para manter a equação financeira originariamente estabelecida (encargo *versus* remuneração).
- A revisão de preços e tarifas, motivados pela variação de custos.
- A inoponibilidade da exceção de contrato não cumprido, que é a medida judicial que possibilita a um contratante interromper a execução do contrato, caso o outro contratante deixe de realizar sua parte. Portanto, a obra não pode parar mesmo que a administração não cumpra sua obrigação. O particular é indenizado após a realização de sua prestação convencionada no contrato.
- O controle do contrato, pois a administração pode acompanhar a realização do contrato, velando pela exatidão dos trabalhos.

(9.3) Interpretação do contrato administrativo

O objeto de um contrato administrativo é sempre o atendimento ao interesse público. Por isso, a regra principal para interpretação dos contratos administrativos é sempre atender aos interesses da coletividade.

(9.4)
Formalização do contrato administrativo

A formalização do contrato administrativo é uma fase do acerto celebrado entre o Estado e a outra parte interessada no pacto a ser desenvolvido por ambos. A formalização é o meio pelo qual as partes celebram o acordo de vontade e o materializam.

Instrumento

O instrumento do contrato administrativo é, em regra, lavrado sob a forma de TERMO em livro próprio da repartição contratante, ou escritura pública, nos casos exigidos em lei, como o registro de bens imóveis.

Além do termo de contrato, obrigatório nos casos que exigem concorrência, os pactos administrativos podem ser formalizados por meio de outros documentos, tais como carta--contrato, nota de empenho de despesa, autorização de compra e ordem de serviço.

A publicação do contrato é uma formalidade geralmente exigida pelas normas administrativas, bastando a notícia resumida na Imprensa Oficial, com indicação das partes, do objeto e do valor do ajuste.

Conteúdo

O contrato precisa estabelecer com precisão os direitos, obrigações, encargos e responsabilidades dos contratantes, em conformidade com o edital que o autorizou.

Cláusulas essenciais

São cláusulas essenciais ou necessárias em qualquer contrato administrativo:

- definir o objeto;
- estabelecer o regime de execução da obra ou do serviço ou a forma do fornecimento;
- fixar o preço, as condições de pagamento, os critérios, a data-base e a periodicidade do reajustamento de preços, os critérios de atualização monetária entre a data do adimplemento das obrigações e a do efetivo pagamento;
- estabelecer os prazos;
- definir as garantias oferecidas para assegurar sua plena execução, quando exigidas;
- fixar as responsabilidades das partes, as penalidades cabíveis e os valores das multas;
- revelar os casos de rescisão;
- reconhecer os direitos da administração em caso de rescisão administrativa;
- determinar a legislação aplicável à execução do contrato, especialmente aos casos omissos.

Há também as cláusulas implícitas, que, mesmo não escritas, são inerentes aos contratos administrativos em geral. Como exemplo de cláusulas, podemos citar:

- a possibilidade de rescisão unilateral por interesse público, com a consequente indenização;
- a autorização de alteração unilateral por conveniência do serviço, desde que mantido o equilíbrio financeiro;
- a possibilidade de redução ou a ampliação do objeto do contrato, dentro dos limites regulamentares;
- a possibilidade de facultar assunção dos trabalhos paralisados para evitar a descontinuidade do serviço público.

Garantias para a execução do contrato

As leis administrativas facultam à administração a exigência de garantia a fim de assegurar a execução do contrato. Esse tipo de exigência fica a encargo do poder discricionário da administração, devendo sempre constar no edital de convocação quando se tratar da contratação de obras, serviços ou compras. Existem três tipos de garantia previstos na lei das licitações (Lei nº 8.666, de 21 de junho de 1993 – Brasil, 1993):

- Caução – Em dinheiro ou em títulos da dívida pública.
- Fiança bancária – É a garantia fidejussória fornecida por um banco.
- Seguro-garantia (*performance bond*) – É a garantia oferecida por uma companhia seguradora.

A administração também poderá exigir seguro para garantia de pessoas ou bens, devendo essa exigência constar do edital da licitação ou do convite.

(9.5)
Execução do contrato administrativo

A execução do contrato é o objetivo que as partes anseiam. Assim, uma vez que este é formalizado, devem os contratantes realizar aquilo que acordaram. Uma vez formalizado o pacto entre os contratantes, eles devem praticar os atos nele previstos, com o fim de proporcionar a sua plena validade.

Direitos e obrigações das partes

A seguir, serão apresentados os direitos e as obrigações das partes.

Direitos

O principal direito da administração é o de exercer suas prerrogativas de forma direta, sem a intervenção do Judiciário. Ao contratado cabe recorrer ao Judiciário sempre que não concordar com as pretensões da administração e não lograr se compor amigavelmente com ela.

O principal direito do contratado é o de receber o preço nos contratos de colaboração (execução de obras, serviços e fornecimentos), na forma e no prazo convencionais.

Obrigações

- DA ADMINISTRAÇÃO – Pagamento do preço ajustado (contratos de colaboração); prestação do objeto contratual e pagamento da remuneração convencionada ao particular (contratos de atribuição).
- DO CONTRATADO – Cumprimento da prestação prometida (contrato de colaboração); pagamento da remuneração convencionada (contratos de atribuição).

Acompanhamento da execução do contrato

O acompanhamento da execução envolve o poder e o dever da administração:

- fiscalização da execução;
- orientação da execução;
- interdição da execução → paralisação da obra;
- intervenção da execução → paralisação da obra + administração assume a execução;

- aplicação de penalidades;
- recebimento do objeto do contrato, que é a etapa final do processo e libera o contratado. Pode ser provisório ou definitivo:
  - RECEBIMENTO PROVISÓRIO – É uma experiência (exceção).
  - RECEBIMENTO DEFINITIVO – É a regra. Se a obra, o serviço ou o objeto da compra estiver com defeito, a administração pode rejeitá-lo ou exigir abatimento no preço.

Recebimento do objeto

Em se tratando de obras e serviços:

- PROVISORIAMENTE – Pelo responsável por seu acompanhamento e fiscalização, mediante termo circunstanciado, assinado pelas partes em até 15 dias da comunicação escrita do contratado.
- DEFINITIVAMENTE – Por servidor ou comissão designada pela autoridade competente, mediante termo circunstanciado assinado pelas partes, após o decurso do prazo de observação (até 90 dias) ou vistoria que comprove a adequação do objeto aos termos contratuais, após os reparos e as correções obrigatórias.

Em se tratando de compras ou de locação de equipamentos, o objeto do contrato será recebido:

- PROVISORIAMENTE – Para efeito de verificação da conformidade do material com a especificação.
- DEFINITIVAMENTE – Após a verificação da qualidade e da quantidade do material e posterior aceitação.

Extinção, prorrogação e renovação do contrato

Extinção do contrato é a cessação do vínculo obrigacional. Divide-se em execução e inexecução do objeto e inexecução, sendo este último subdivido em rescisão contratual e anulação.

A execução do objeto se dá por meio de sua conclusão ou do término do prazo estipulado.

A inexecução é uma forma de extinção do contrato por rescisão ou anulação. Contudo, a anulação só ocorre em caso de ilegalidade na formalização do contrato ou em cláusula essencial.

Prorrogação do contrato é o prolongamento de sua vigência além do prazo inicial, com o mesmo contratado e nas mesmas condições anteriores. Se tiver sido prevista no edital, não há nova licitação. Já a renovação do contrato pode ocorrer nos casos de dispensa ou inexigibilidade de licitação, desde que as circunstâncias justifiquem a recontratação direta do atual contratado.

(9.6)
Inexecução do contrato

Uma vez pactuada formalmente a avença entre as partes, estas devem buscar sua realização plena. Contudo, pode ocorrer que uma das partes, tanto o Estado quanto o contratado ou contratante, dependendo da posição em que o ente público se situe, não venha a realizá-lo parcialmente ou totalmente. Temos, então, a inexecução total ou parcial da avença, nascendo daí a pretensão daquele que se julga prejudicado exigir do inadimplente a total realização do instrumento contratual.

Inexecução

A inexecução ou a inadimplência do contrato é o descumprimento de suas cláusulas, no todo ou em parte, caracterizando o retardamento (mora) ou o descumprimento integral do ajustado. Tais situações podem ensejar responsabilidade para o inadimplente e até mesmo propiciar a rescisão do contrato, como previsto no Estatuto.

A inexecução pode ser:

- culposa;
- sem culpa.

Inexecução culposa

É a que resulta de negligência, imprudência, imprevidência ou imperícia no atendimento das cláusulas contratuais. O conceito de culpa no direito administrativo é o mesmo do direito civil, consistindo na violação de um dever preexistente: dever de diligência para o cumprimento de prestação prometida no contrato.

A inexecução culposa pode gerar:

- multas;
- rescisão;
- perdas e danos;
- suspensão provisória;
- declaração de idoneidade para contratar com a administração.

Inexecução sem culpa

Decorre de atos ou fatos estranhos à conduta da parte. Não haverá responsabilidade alguma para os contratantes porque aqueles eventos atuam como causas justificadoras da inexecução do contrato.

Causas justificadoras da inexecução do contrato

As causas justificadoras para a inexecução do contrato devem ocorrer de CASO FORTUITO (evento causado por terceiros) ou de FORÇA MAIOR (evento causado pela natureza).

O evento futuro deve impossibilitar absolutamente a execução do contrato. Se o impedimento não for absoluto, não se trata de causa de inexecução.

Se o fenômeno da natureza era imprevisível para o momento, mas evitável (recursos meteorológicos), não há de se falar em caso fortuito.

O caso fortuito e a força maior devem ser alegados pelo contratante antes da sua mora e não acarretam a obrigação de indenizar. Todavia, podem ocasionar a revisão do contrato e de seus preços, além de não possibilitarem a rescisão.

FATO DO PRÍNCIPE é toda determinação estatal, positiva ou negativa, geral, imprevista e imprevisível, que onera substancialmente a execução do contrato administrativo.

A administração deve compensar os prejuízos, uma vez que ela não pode causar danos ou perdas aos administrados e, muito menos, a seus contratados, ainda que em benefício da coletividade.

Há, contudo, o que se denomina *fato do príncipe*, que é sempre devido a um ato geral da administração e não se confunde com o FATO DA ADMINISTRAÇÃO. O fato do príncipe acarreta a obrigação de indenizar, a revisão do contrato e dos preços, além de permitir a rescisão.

Já o FATO DA ADMINISTRAÇÃO é toda ação ou omissão do Poder Público que, incidindo direta e especificamente sobre o contrato, retarda ou impede sua execução. O fato da administração acarreta a obrigação de indenizar e a revisão do contrato e dos preços e permite a rescisão.

Consequências da inexecução

O inadimplente sofre consequências de ordem civil e administrativa.

A responsabilidade civil é a que impõe a obrigação de reparar o dano patrimonial. Nela podem incidir tanto o particular contratado quanto a própria administração.

A responsabilidade administrativa é a que resulta da não observância de norma estabelecida em lei ou no próprio contrato, impondo ônus ao contratado para com qualquer órgão público. Podem ser: multas, interdição de atividade, suspensão provisória e declaração de inidoneidade.

Sanções administrativas

A recusa injustificada em assinar o contrato, aceitar ou retirar o instrumento equivalente, dentro do prazo estabelecido pela administração, caracteriza o descumprimento total da obrigação assumida, sujeitando-a às penalidades legalmente estabelecidas.

Os agentes administrativos que praticarem atos em desacordo com os preceitos da lei de licitações, ou visando frustrar os objetivos da licitação, sujeitam-se às sanções lá previstas.

(9.7)
Revisão e rescisão do contrato

Os contratos administrativos podem sofrer revisão ou rescisão. A revisão ocorre quando há um desequilíbrio no contrato, autorizando, assim, sua revisão para uma melhor adequação ao avençado entre as partes. Já a rescisão poderá ocorrer por alguns fatores, como a inexecução total ou parcial. Iremos estudar essas duas formas de modificação do contrato.

Revisão do contrato

A revisão do contrato pode ocorrer por dois motivos: em virtude de interesse público, determinado pela administração ou por eventos novos que tornem inexequível o ajuste inicial.

A revisão ocorre em caso fortuito, força maior, fato do príncipe, fato da administração ou interferências previstas.

Rescisão do contrato

É o desfazimento do contrato durante sua execução por inadimplemento de uma das partes, pela superveniência de eventos que impeçam seu prosseguimento ou pela ocorrência de fatos que acarretem seu rompimento de pleno direito.

Constituem motivos para rescisão do contrato o não cumprimento, ou o cumprimento irregular, de cláusulas contratuais, a lentidão do seu cumprimento, levando a administração a comprovar a impossibilidade da conclusão nos prazos estipulados, o atraso injustificado no início, a paralisação.

Não são esses os únicos motivos que ensejam a rescisão do contrato administrativo. A lei de licitações prevê outros, que por ação ou omissão do contratante ensejam a quebra da relação contratual e motivam a administração interromper o pacto.

Atividades

1. Qual é a importância do fato do príncipe na inexecução de um contrato por parte do Estado?
2. Existe alguma relação entre fato do príncipe e força maior ou caso fortuito?

Referências

ARAÚJO, E. N. de. *Curso de direito administrativo*. São Paulo: Saraiva, 2005.

BIBLIOTECA VIRTUAL DE DIREITOS HUMANOS DA UNIVERSIDADE DE SÃO PAULO. Comissão de Direitos Humanos. *Declaração de Direitos do Homem e do Cidadão*. França, 26 ago. 1789. Disponível em: <http://www.direitoshumanos.usp.br/counter/Doc_Histo/texto/Direitos_homem_cidad.html>. Acesso em: 25 nov. 2008.

BRASIL. Constituição (1988). *Diário Oficial da União*, Brasília, DF, 5 out. 1988. Disponível em: <http://www.planalto.gov.br/ccivil_03/Constituicao/Constituicao.htm>. Acesso em: 12 abr. 2012.

_____. Constituição (1988). Emenda Constitucional n. 19, de 4 de junho de 1998. *Diário Oficial da União*, Brasília, DF, 5 jun. 1998. Disponível em: <http://www.planalto.gov.br/ccivil_03/Constituicao/Emendas/Emc/emc19.htm>. Acesso em: 12 abr. 2012.

_____. Decreto-Lei n. 221, de 28 de fevereiro de 1967. *Diário Oficial da União*, Brasília, DF, 28 fev. 1967a. Disponível em: <https://www.planalto.gov.br/ccivil_03/decreto-lei/Del0221.htm>. Acesso em: 12 abr. 2012.

_____. Decreto-Lei n. 227, de 28 de fevereiro de 1967. *Diário Oficial da União*, Brasília, DF, 28 fev. 1967b. Disponível em: <https://www.planalto.gov.br/ccivil_03/decreto-lei/Del0227.htm>. Acesso em: 12 abr. 2012.

_____. Lei n. 4.118, de 27 de agosto de 1962. *Diário Oficial da União*, Brasília, DF, 19 set. 1962. Disponível em: <http://www.planalto.gov.br/ccivil_03/Leis/L4118.htm>. Acesso em: 12 abr. 2012

_____. Lei n. 4.320, de 17 de março de 1964. *Diário Oficial da União*, Brasília, DF, 23 mar. 1964. Disponível em: <http://www.planalto.gov.br/ccivil_03/Leis/L4320.htm>. Acesso em: 12 abr. 2012.

_____. Lei n. 4.771, de 15 de setembro de 1965. Diário Oficial da União, Poder Legislativo, Brasília, DF, 16 set. 1965. Disponível em: <http://www.planalto.gov.br/ccivil_03/leis/l4771.htm>. Acesso em: 24 abr. 2013.

_____. Lei n. 5.197, de 3 de janeiro de 1967. *Diário Oficial da União*, Brasília, DF, 5 jan. 1967c. Disponível em: <http://www.planalto.gov.br/ccivil_03/Leis/L5197.htm>. Acesso em: 6 ago. 2008.

_____. Lei n. 7.565, de 19 de dezembro de 1986. *Diário Oficial da União*, Brasília, DF, 20 dez. 1986. Disponível em: <http://www.planalto.gov.br/ccivil_03/Leis/L7565.htm>. Acesso em: 12 abr. 2012.

_____. Lei n. 8.112, de 11 de dezembro de 1990. *Diário Oficial da União*, Brasília, DF, 12 dez. 1990. Disponível em: <http://www.planalto.gov.br/ccivil_03/Leis/L8112cons.htm>. Acesso em: 12 abr. 2012.

_____. Lei n. 8.429, de 2 de junho de 1992. *Diário Oficial da União*, Brasília, DF, 2 jun. 1992. Disponível em: <http://www.planalto.gov.br/ccivil_03/Leis/L8429.htm>. Acesso em: 12 abr. 2012.

_____. Lei n. 8.666, de 21 de junho de 1993. *Diário Oficial da União*, Brasília, DF, 22 jun. 1993. Disponível em: <http://www.planalto.gov.br/ccivil_03/Leis/L8666cons.htm>. Acesso em: 12 abr. 2012.

_____. Lei n. 9.784, de 29 de janeiro de 1999. *Diário Oficial da União*, Brasília, DF, 1º fev. 1999. Disponível em: <http://www.planalto.gov.br/ccivil_03/Leis/L9784.htm>. Acesso em: 12 abr. 2012.

_____. Lei n. 10.406, de 10 de janeiro de 2002. *Diário Oficial da União*, Brasília, DF, 11 jan. 2002. Disponível em: <http://www.planalto.gov.br/ccivil_03/LEIS/2002/L10406.htm>. Acesso em: 12 abr. 2012.

_____. Lei n. 10.826, de 22 de dezembro de 2003. Diário Oficial da União, Poder Legislativo, Brasília, DF, 23 dez. 2003. Disponível em: <http://www.planalto.gov.br/ccivil_03/leis/2003/l10.826.htm>. Acesso em: 24 abr. 2013.

COELHO, F. U. *Curso de direito civil*. São Paulo: Saraiva, 2003. 5 v.

CRETELLA JUNIOR, J. *Curso de direito administrativo*. 17. ed. Rio de Janeiro: Forense, 2000.

DALLARI, A. de A. *Regime constitucional dos servidores públicos*. 2. ed. São Paulo: RT, 1990.

DI PIETRO, M. S. Z. *Direito administrativo*. 20. ed. São Paulo: Atlas, 2007.

FERREIRA, A. B. de H. *Novo dicionário da língua portuguesa*. 2. ed. Rio de Janeiro: Nova Fronteira, 1986.

FERRAZ JR., T. S. *A ciência do direito*. 2. ed. São Paulo: Atlas, 1980.

FÜHRER, M. C. A. *Direito constitucional*. 10. ed. São Paulo: Malheiros, 2005.

GASPARINI, D. *Direito administrativo*. 7. ed. São Paulo: Saraiva, 2002.

HOUAISS, A.; VILLAR, M. S. *Dicionário Houaiss da língua portuguesa*. Rio de Janeiro: Objetiva, 2007.

LESPÈS, J. A codificação dos princípios gerais do direito administrativo: *Revista de Direito Administrativo*, São Paulo, 22/24 [S. d.].

MARIOTTI, A. *Teoria do Estado*. Porto Alegre: Síntese, 1999.

MEIRELLES, H. L. *Direito administrativo brasileiro*. 33. ed. São Paulo: Malheiros, 2007.

MELLO, C. A. B. de. *Discricionariedade e controle jurisdicional*. São Paulo: Malheiros, 1992.

PIETRO, M. S. Z. *Direito administrativo*. 20. ed. São Paulo: Atlas, 2007.

_____. *Discricionariedade administrativa na Constituição de 1988*. São Paulo: Atlas, 1991.

REVISTA DE INTERESSE PÚBLICO. Porto Alegre: Notadez, 2003.

RIO GRANDE DO SUL. Lei Complementar n. 10.098, de 3 de fevereiro de 1994. *Diário Oficial [do] Estado do Rio Grande do Sul*, Porto Alegre, RS, 4 fev. 1994. Disponível em: <http://www.educacao.rs.gov.br/pse/html/legislacao_func_pub.html>. Acesso em: 10 abr. 2012.

SILVA, J. A. da. *Curso de direito constitucional positivo*. 29. ed. São Paulo: Malheiros, 2007.

VENOSA, S. de S. *Introdução ao estudo do direito*. São Paulo: Atlas, 2004.

ZAGO, L. M. A. K. *O princípio da impessoalidade*. Rio de Janeiro: Renovar, 2000.

_____. *Resumo jurídico de direito administrativo*. 4. ed. São Paulo: Quartier Latin, 2005.

Gabarito

Capítulo 1

As fontes do direito administrativo são:

- LEI – As atividades administrativas decorrem da lei.
- DOUTRINA – Como fonte de direito, é utilizada para informar ao administrador como deve ser interpretada a legislação.
- JURISPRUDÊNCIA – É fonte de direito, pois os atos da administração utilizam a jurisprudência administrativa e judicial para nortear seus atos.
- COSTUMES – Servem de orientação ao administrador em relação à prática administrativa.
- PRINCÍPIOS GERAIS DE DIREITO – Representam um norte ao administrador, principalmente o princípio da legalidade.
- Como exemplos podemos referir o serviço de previdência social, educação, dentre outros.

Capítulo 2

FORMAS DE GOVERNO:

- MONARQUIA: Holanda.
- REPÚBLICA: Brasil.

SISTEMAS DE GOVERNO:

- PRESIDENCIALISMO: Estados Unidos da América.
- PARLAMENTARISMO: Espanha.
- DIRETORIAL: antiga União Soviética.

Capítulo 3

Os agentes políticos são representantes do Estado e agem em nome deste. Formam o primeiro escalão da administração pública.

Os agentes administrativos são aqueles que desenvolvem a real atividade administrativa, servindo de apoio aos agentes políticos e que prestam o real serviço público. São exemplos:

- Juiz: político.
- Secretário de Estado: político.
- Inspetor de polícia: administrativo.
- Procurador do Estado: administrativo.

A investidura pode ocorrer nas seguintes formas:

- Administrativa.
- Política.
- Originária.
- Derivada.
- Vitalícia.
- Efetiva.
- Comissão.
- Temporária.

Capítulo 4

- Abuso de poder: ainda que revestida de competência legal, a autoridade que praticar abuso em suas funções estará praticando abuso de poder, eivando de vício seu ato.
- Excesso de poder: é ato arbitrário. Ocorre quando a autoridade, ainda que competente para tal, excede suas atribuições, tornando o ato ilícito passível de anulação.

Capítulo 5

Decreto é a manifestação de vontade do executivo por excelência; já o regulamento dita normas para a realização de atividades específicas. As circulares são comunicações internas aos servidores públicos.

Capítulo 6

1. A legislação é o meio pelo qual o bem público é regido. É por meio da legislação que o administrador tem sua atividade regulada e os bens públicos são caracterizados. A legislação é o comando de atuação do agente no trato do bem, pois o bem público está afetado à atividade específica e tem seu destino exclusivamente regulado pela lei.
2. O art. 37 da CF indica os princípios norteadores da administração pública e é indicador de conduta do agente público.

Capítulo 7

O poder de polícia é definido pelo art. 78 do CTN. O poder de polícia é a capacidade do Estado em restringir direitos, mas deve ser pautado pela legalidade do ato e com os fins do próprio Estado, que é o bem social.

Capítulo 8

A importância da desafetação está relacionada com a alienação do bem ou sua destinação. Para haver desafetação, é necessário procedimento legislativo, uma vez que a utilidade do bem público está definida em lei. Há, portanto, que modificar a lei para que o bem público tenha outra destinação, podendo, inclusive, ser alienado.

Capítulo 9

1. Fato do príncipe é toda determinação estatal, positiva ou negativa, geral, imprevista e imprevisível, que onera substancialmente a execução do contrato administrativo, podendo levá-lo à inoperabilidade e causar prejuízo ao contratante. Ele acarreta a obrigação de indenizar e a revisão do contrato e dos preços e permite a rescisão.
2. Não há relação entre o fato do príncipe e caso fortuito ou força maior, que são motivos de rescisão do contrato sem acarretar culpa por parte do Estado, uma vez que são fatos imprevisíveis.